창세기의 미스터리

The Mystery of
Genesis

창세기의
미스터리

저자 유지훈

옛 학자들은 야곱의 가정사에 대해 숱한 고민에 빠졌다고 합니다. 이를테면, 이삭을 속여 형이 받을 복을 탈취한 야곱도 그렇지만 부친의 첩 빌하과 동침한 르우벤, 여동생의 성폭행을 기화로 세겜성을 쑥대밭으로 만든 시므온과 레위, 며느리와 동침한 유다 등, 하나님이 선택하신 족장의 가정치고는 본받을 점을 찾기가 쉽지 않았기 때문입니다.

문화에 정통한 학자가 성경의 어려움을 호소한다면 그에는 대개 문외한인 교역자나 평신도는 궁금한 점이 더더욱 많을 것입니다. 다행히『창세기의 미스터리』는 성경에 기록된 미스터리 가운데 교회가 두루뭉술 넘어갔다거나 딱히 해답이 없었던 '영구미제사건'을 과감하게 거론하며 저자 나름의 가설과 논리적인 단서를 제시하고 있습니다. 아울러 저자가 인용한 탈무드와 미드라쉬(유대인이 쓴 구약성경 주석)는 유대 문화와 현인들의 성경관이 녹아있어 우리만의 선입견을 타파하는 데도 크게 일조할 수 있을 것입니다.

예컨대, 저자는 바벨탑과 노아의 가정을 둘러싼 미스터리를 두고는 원어를 옮기는 과정에서 비롯된 오류를 지적하는가 하면 성경의 문맥을 통해 답을 찾기 위해 부단히 노력했고, 이삭을 번제로 바쳐야

했던 아브라함(창 22장)을 다룰 때는 구약과 신약을 넘나들며 이삭에게서 예수 그리스도를 발견할 수 있다는 점을 심도 있게 밝혀내기도 했습니다.

저자는 신학을 공부하진 않았지만 어쩌면 그 덕분에 신학적인 편견에 치우치지 않고 객관적인 시각을 초지일관할 수 있지 않았나 싶습니다. 그리고 평신도도 성경을 연구할 수 있다는 의식을 도모하는 계기를 마련할 수도 있을 것입니다. 한국 교회는 성경 연구가 신학자나 전도사의 전유물이 되어버린 탓에 평신도에게는 그것이 두려움과 부담의 대상이 되고 있는 실정입니다. 그러니 성령의 검(하나님의 말씀)을 쥐기가 쉬운 풍토는 아닌 듯합니다.

아울러 다수의 원서를 번역해 낸 저자는 우리글과 외국어의 차이를 잘 아는 까닭에 히브리 성경을 우리글로 옮기는 과정에서 문제가 벌어지는 경위와 역자의 오해를 잘 파악하고 있어 창세기의 미스터리를 논하는 데 손색이 없으리라 자부합니다.

-변순복, 백석대학교 구약학 교수,『토라(상/중/하)』저자

성경 과외

초등학교 3학년 때 '과외'로 성경을 배운 기억을 되새기며 이야기 보따리를 풀까한다(그땐 '국민학교'였다). 고모가 어린이 전도협회 간사로 일했는데 매주 금요일이 되면 우리 집에 찾아와 아이들을 모아 놓고 성경과 어린이 찬송을 가르치곤 했다. 전도협회[1]에서는 이를 "새소식반"이라고 부른다. "복음Good News"의 '뉴스News'를 "새소식"으로 옮겨서 그렇게 지었는지도 모르겠다. 어쨌든, 아이들 십수 명이 이를 어떻게 알고 왔는지는 가물가물하지만 같은 반 친구도 더러 있었고 내가 짝사랑했던 아이도 몇 번은 우리 집에서 성경과 찬송을 배웠던 것으로 기억한다.

"성경 가르쳐주는 선생님이 고모라며?"
"(우쭐거린다) 으응 …… 그래."

구약과 신약을 아이들이 이해할 수 있는 언어와 몸짓으로 알기 쉽게 가르쳐준 고모가 주일학교 선생님보다 더 깊이 각인되어 있는 듯하다. 성경과는 그렇게 인연을 맺기 시작했다. 그러다가 중고교에 진

학하면서부터는 교회에서 배웠지만 딱히 성경을 펼칠 기회는 많지 않았던 것 같다. 공과책 위주로 진도를 나갔는데 대개는 공과책이 묻는 질문에 대한 답을 적을 때만 성경을 폈으니까.

성경의 심원한 의미는 성경과 현실에 대한 고정관념이 조금이나마 벗어졌을 때 깊이 다가왔다. 교회에서는 거의 주입식으로 가르치기 때문에 가르쳐준 범위를 벗어나는 것이 금기시된 것은 아닌가 싶다. 남들은 몰라도 필자는 그런 인상을 받았다. 하지만 그것이 되레 기독인의 발목을 잡고 있다는 사실을 깨달은 지는 몇 년이 채 안 된다. 한국 교회는 토론 문화뿐 아니라 성경을 깊이 연구하는 교사를 등용하는 것이 급선무라 생각한다. 성경은 알고 읽으면 그리 고리타분한 책이 아니다.

창세기의 미스터리

다른 책도 마찬가지겠지만 구약성경 또한 미스터리로 가득한 까닭에 따분할 겨를이 없다. 성경을 읽다보면 의문이 꼬리에 꼬리를 물게 된다. 딱 떨어지는 물음도 있지만(이때 느끼는 쾌감은 시쳇말로 정말 '장난'이 아니다) 평생을 연구해도 결론에 이르지 못할 그런 '몹쓸' 영구미제사건도 있다.

예컨대, 『창세기』도 미스터리 투성이다. 첫 글자, 첫 단어부터 왜 그렇게 썼는지 석연치가 않다. 창세기 1장 1절에서 맨 처음 오는 단어 '버레이쉬트 בראשית'에도[2] 이해하기 어려운 구석이 있다. '버레이쉬트'는 연계형이라 하여 "태초에"가 아니라 "~의 시작에"로 옮겨야 맞다. 즉, 명사나 그에 준하는 어구가 있어야 의미가 완전해진다는 것이다. 예컨대, 뜻이 '~의 아들'인 '벤 בֶּן'도 "벤 버냉키(연준위 의장)"라든가 "벤 구리온"이라고 해야 "버냉키의 아들"이나 "구리온의 아들"로 뜻이 통할 터인데 "버레이쉬트"에는 딸린 명사가 없어 무엇의 "시작"인지 당최 알 길이 없다.

그냥 "태초에"라고 쓰려면 "바리쇼나 בָּרִאשׁוֹנָה"라고 썼어야 옳지만 기자는 그러질 않았다. 괜히는 아닐 것이다. 이 밖에도 머리를 쓰게 하는 '유익한' 미스터리가 많으니 책을 읽으면서 성경을 연구하고픈 열망이 솟구치기를 바란다(필자가 미스터리를 다 해소해주리라는 기대는 과욕이니 삼가시라).

고마운 분들

기독교와 관련된 처녀작을 낸 뒤로 머릿속 지식은 이미 다 쏟아냈다고 단정하여 차기 원고는 상상도 하지 않고 있었는데 창세기를 배우고 읽으며 발견한 미스터리를 지면에 실으면 어떨까 싶은 생각이 문득 들었다. 물론 지식이 어쭙잖은지라 19, 20세기 랍비의 문헌과 미드라쉬, 탈무드 및 현존하는 전문가의 조언도 함께 실었으니 원고가 '맹물'은 아닐 것이다.

얼마 전 서울 동부교회에 오신 김정환 선교사님(탄자니아 무지개학교)도 원고의 컨셉concept을 들으시더니 집필을 종용하셨다. 돈을 버는 것이 아니라 진리의 말씀을 전하는 데 목적이 있으니 그런 책을 많이 쓰라며 격려하신 것이다.

끝으로, 감사하고픈 분들을 열거하며 글을 마칠까 한다. 우선 낳아주시고 길러주신 부모님과 동생 뒷바라지로 고생한 유지성 누님과 유지영 형님을 비롯하여, 필자를 위해 늘 기도해주시는 (현)새소망교회 인상식 목사님, 조선희 사모님, 황현숙 전도사님, 서울 동부교회 박영수 목사님과 김현숙 사모님, 수원교회 안태근 목사님, (전)새소망교회 지창덕 목사님, 김정미 사모님, 백석대학교(탈무드에듀아카데미) 변순복 교수님, 모창조 목사님, 행복한 교회 서순형 목사님, 한경희 목사님, 고척중앙교회 이좌신 목사님, 이은희, 이성민, 홍신준, 장진성 전도사님과 동부교회, 수원교회 및 새소망교회 식구들, 비록 장애와 어려운 가정사로 힘겹지만 믿음 잃지 않고 꿋꿋이 하나님을 섬기는 친구 임갑철 형제, 삼촌에게 웃음과 힘을 주는 조카 성민이에게도 고마움을 전하고 싶다.

　모쪼록 말씀의 미스터리가 연구의 열정을 불러일으키는 불씨가 되기를 간절히 소망한다.

2016년 8월 유지훈

"하나님의 말씀을 사모하는
모든 기독인에게 이 책을 바칩니다."

성경 번역본 약어

NAS / The New American Standard Bible(NASB)

JPS / JPS Holy Scriptures 1917(English)

TNK / JPS TANAKH 1985(English)

ESV / English Standard Version

NIV / The New International Version

NRS / New Revised Standard Version Bible

RSV / Revised Standard Version of the Bible

ASV / American Standard Version

KJV / King James Version

* 일러두기: 히브리어의 발음표기는 원문과 방향이 반대임을 알린다.

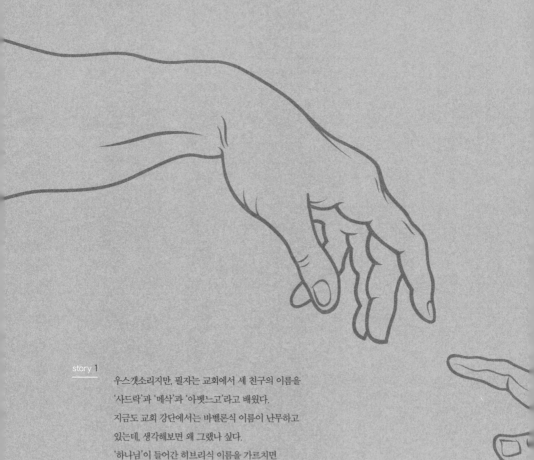

story 1

우스갯소리지만, 필자는 교회에서 세 친구의 이름을
'사드락'과 '메삭'과 '아벳느고'라고 배웠다.
지금도 교회 강단에서는 바벨론식 이름이 난무하고
있는데, 생각해보면 왜 그랬나 싶다.
'하나님'이 들어간 히브리식 이름을 가르치면
좋을 터인데 어찌 바벨론식 이름을 가르친단 말인가?
바벨론 환관장이 네 인물을 개명하면서
하나님의 이름은 빼버리고 죄다 이방신의 이름을 집어넣었는데도 말이다.
우리나라로 따지면 '김무한'을 '김또깡'이라고 가르쳐준 격이랄까.

하나님의 이름은
무엇인가?

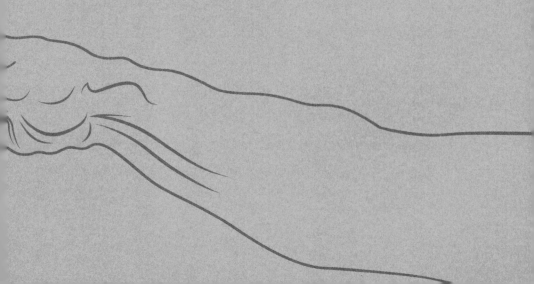

하나님의 이름은
무엇인가?

"할렐루야!"

"아멘!"

교회에서는 관용어가 되었을 법하다. 그러니 인도자가 "할렐루야!" 했는데 회중이 묵묵부답이면 족히 당황할만한 상황이 연출될지도 모르겠다. 알다시피, "할렐루야"는 "할렐루(찬양하라)"와 "야(하나님)"를 합친 말로 "하나님을 찬양하라!"라는 뜻이다.

첫 화두는 하나님의 이름을 꼽았다. 우리가 섬기는 하나님의 이름이 어떤 뜻인지 정도는 알아야 할 것 같아 이를 첫 단추로 삼은 것이다. 성경에 기록된 하나님의 이름은 다양하지만 일관성 있게 반복되는 이름은 크게 둘이며 아래처럼 둘이 같이 나올 때도 있다. 하나님은 한분이지만 호칭은 여럿이다. 묘하지만 그렇다.

엘로힘(하나님) אֱלֹהִים

하쉐임(여호와) יְהוָה

하쉐임 엘로힘(여호와 하나님) יְהוָה אֱלֹהֵי[3]

하쉐임은 무엇인가?

하쉐임 יְהוָה이라고 쓴 이유가 있다. "하"는 정관사the이고 "쉐임"은 이름name, 즉 하쉐임은 "그 이름"이나 "구별된 이름"을 일컫는다. 그러나 우리나라 성경 번역가는 이를 '여호와'라고 옮겼는데 오해의 소지가 있어 이를 밝혀두어야겠다. 사실 יְהוָה은 "여호와"라고 읽기에는 다소 어폐가 있는 이름이다. 히브리어에는 모음이 없고 자음만 있기 때문에 성경을 바르게 읽을 수 있도록 유대인 학자들이 자음에 모음부호를 붙여놓은 데서 오해가 시작되지 않았나싶다.[4]

결론부터 말하자면, 하쉐임은 '여호와'를 유대식으로 일컫는 어구인데, 먼 옛날 유대인들은 하쉐임(여호와)을 "아도나이(나의 주)"라고 읽었다.

예컨대, 신명기 6장 4절은 "슈마 이스라엘! 아도나이 엘로헤이누, 아도나이 에하드!(들으라, 이스라엘아! 나의 주 יְהוָה는 우리 하나님이고, 나의 주는 한 분이시다)"라고 낭독했다는 것이다. 하나님의 이름을 함부로 부를 수 없었기 때문에 그들은 두렵고 떨리는 마음으로 그렇게 읽고 불러왔다. 혹시라도 יהוה 을 읽을라치면 네 문자를 각각 구분했다. 이를테면, "요드 י, 헤이 ה, 바브 ו, 헤이 ה 거룩한 네 문자 이십니다(히브리어는 오른쪽에서 왼쪽으로 읽는다)."라고 말이다.

학자들이 하나님의 이름에 모음부호를 붙인 경위를 안다면 왜 여호와가 나왔으며, 왜 그것이 잘못된 발음인지 분명히 알게 될 것이다.

하나님의 이름이 "여호와"가 된 과정

אֲדֹנָי
아도나이(나의 주님)

⇩

יהוה
하나님의 이름(애당초 모음부호가 없었다)

(아도나이의 부호를 그대로 붙였다)

⇩

יְהֹוָה
여호와

도표를 보면 알겠지만, 하나님의 이름에는 모음이 없었다가 이를 "아도나이"라고 읽게 할 요량으로 학자들이 아도나이의 모음부호를 주님의 이름에 붙여 두었다. 원래부터 모음이 그런 것은 아니었다. 그러나 요즘은 "아도나이(나의 주)"와 '하나님의 이름(아도나이)'이

같이 나오는 구절에서 헷갈리지 않도록[5] "아도나이"를 "하쉐임(구별된 이름)"으로 고쳐 부르게 되었다.

반면, 엘로힘은 우리 성경에 "하나님"으로 일괄 번역했다. 엘로힘은 겉보기에는 복수형이지만 이방 잡신을 가리킬 때는 복수동사를 쓰고, 하나님을 지칭할 때는 단수동사를 쓴다(이를 '위엄의 복수'라 한다). 엘로힘과 하쉐임은 각각 "엘"과 "야"로 표기하기도 하는데, 이를테면 다니엘의 세 동료는 하나냐와 미사엘과 아사랴로 이 넷에는 하나님의 이름이 다 들어있다.

우스갯소리지만, 필자는 교회에서 세 친구의 이름을 '사드락'과 '메삭'과 '아벳느고'라고 배웠다. 지금도 교회 강단에서는 바벨론식 이름이 난무하고 있는데, 생각해보면 왜 그랬나 싶다. '하나님'이 들어간 히브리식 이름을 가르치면 좋을 터인데 어찌 바벨론식 이름을 가르친단 말인가? 바벨론 환관장이 네 인물을 개명하면서 하나님의 이름은 빼버리고 죄다 이방신의 이름을 집어넣었는데도 말이다. 우리나라로 따지면 '김두한'을 '김또깡'이라고 가르쳐준 격이랄까.

사드락 = 아쿠(신)[6]

메삭 = 아쿠(신)

아벳느고 = 느보(신)

벨드사살 = 벨(신)

아브라함과 이삭과 야곱의 하나님

아브라함과 이삭과 야곱은 하나님을 어떻게 불렀을까? 엘로힘(하나님)? 하쉐임(여호와)? 하쉐임 엘로힘(여호와 하나님)은 아니었을까? 아브라함이 하나님의 약속을 믿지 못하고(혹은 오해한 탓에) 하갈과 동침하여 이스마엘을 낳자, 하나님께서는 13년간 '교신'을 끊으셨다가 다시 찾아오셔서 답답한 심정으로 당신의 이름을 나타내셨다.

"나는 엘샤다이란[7] 말이다. 약속을 하면 꼭 지키는 내가 아니더냐."

이때부터 아브라함은 하나님을 "엘샤다이"라고 불렀을지도 모르겠다. 이삭도 야곱도 부친의 가르침에 따라 "엘샤다이"를 후대에 전승했을 공산이 크다. 이를 뒷받침이라도 하듯, 하나님은 『출애굽기』에서 모세에게 말씀하신다.

"나는 여호와다. 내가 아브라함과 이삭과 야곱에게 '엘샤다이'로 나타났으나, 나의 이름을 '여호와'로는 그들에게 알리지 아니하였다(출 6:2~3)."

본문에 따르면, 사람들은 아브라함이 등장하기 훨씬 전에 나타난 '여호와(하쉐임)'는 몰랐다는 이야기가 될 터인데 이를 반증하는 구절이 있다면 어떻게 이해해야 할까?

아즈 / 후할 / 리크로 / 버쉐임 / 하쉐임

그 때에 / 시작했다 / 부르기 / ~의 이름을 / 하쉐임(여호와)

"그 때에 여호와의 이름을 부르기 시작했다(창 4:26)."

본문의 해석이 옳다면 아브라함이 태어나기 전에도 사람들은 '여호와'라는 이름을 불렀을 것이다. 하지만 하나님이 알리지 않은 이름을 어떻게 부를 수 있었을까? 나중에 '노아'를 다룰 때도 거론하겠지만 '후할'은 단순히 '시작했다'의 의미가 아니므로 좀더 신중하게 살펴볼 필요가 있다. 그들은 어떤 마음가짐으로 '여호와'를 불렀을까?(자세한 내용은 노아의 가정을 둘러싼 미스터리에서 확인할 것).

앞서 인용한 구절(출 6:2~3)을 살펴보자면 발음은 알려졌지만 여호와의 깊은 의미가 아브라함과 이삭과 야곱에게는 아직 공개되지 않았다는 뜻일지도 모르겠다. 당시 사람들은 하쉐임의 오묘한 의미도 모른 채 아무 생각 없이 주님의 이름을 망령되이 함부로 들먹였을 개연성도 아주 배제할 수는 없다.

또한 하나님이 '여호와'를 알리기 전에 등장한 다른 이름도 관심을 끈다. 주님이 모세에게 일러주신 이름 역시 신묘막측할 따름이다.

모세: '그의 이름이 무엇이냐?'라고 물으면 뭐라고 말해야 할까요?
하나님: 나는 '에흐예 아쉐르 에흐예'니라(출 3:1).

우리말 성경에는 "나는 스스로 있는 자"라고 번역되었지만 오류가 아주 없진 않아 보인다. 일단 "에흐예"는 미완료 동사이므로 '스스로 있다'고 단정하기가 어렵다. 그래서 철학자 휴고 버그만은 미완료 시상을 지적하며 본문의 하나님은 완성되지 않은 '자아'라고[8] 주장하기도 했다. 그렇다, '에흐예 아쉐르 에흐예'는 변화무쌍하며 역동적인 하나님의 성품과 특징을 담은 고유명사일 수도 있다.

'엘로힘'과 '하쉐임'의 의미

* 창세기 1장 1절 ~ 2장 3절 / 엘로힘

* 창세기 2장 4절 ~ 3장 23절 / 하쉐임 엘로힘

(뱀과 하와의 대화는 예외)

* 창세기 3장 24절 ~ 4장 16절 / 하쉐임

『창세기』 첫 장부터 4장까지 하나님의 이름이 달라지는 추이를 나타낸 것이다. 특히, 뱀과 하와의 대화에서는 "엘로힘"이 등장한다는 점도 눈여겨보라.[9] 창조 때는 "엘로힘"이 나오다가 창조를 재진술하는 기록에는 "하쉐임"과 "엘로힘"이 동반되고 아담과 하와가 쫓겨난 이후 가인과 아벨의 기사로 이어질 때는 "하쉐임"이 주로 기록되었다. 그렇다면 하나님의 이름에는 어떤 의미가 담겨있을까?

"엘 올람El Olam[10]"이나 "엘 로이El Roi[11]" 등에 얽힌 기사를 보면 고대인들은 하나님의 이례적인 능력과 특징이 나타날 때 이를 구분할 요량으로 주님의 이름을 바꾸어 부르거나 다른 이름을 붙이곤

했다는 것을 알 수 있다(랍비 실버). 그렇다면 창조주도 이름을 통해 당신의 능력과 성품을 인간이 이해할 수 있는 개념으로 나타내신 것은 아닐까?

아래는 유대 문헌 및 성경 주석가들이 생각한 엘로힘의 의미를 열거한 것이다. 재차 말하지만 엘로힘은 복수형이지만 '하나님'을 지칭할 때는 단수형 동사를 쓰고 이방신을 가리킬 때는 복수형 동사를 쓴다는 점도 참고로 알아두라.

라쉬: "엘로힘은 구약성경 전반에 걸쳐 권위를 대변하고 있다."

람밤: "엘로힘은 '주인'이라는 뜻이다."

쿠자리: "넓게는 세상의 '주관자Governor'요, 좁게는 '판관'을 일컫는다."

스포르노: "영원하시고 한이 없으신 속성을 가리킨다. 판관을 엘로힘이라고 부르는 까닭은 그들이 '하나님의 형상을 닮은' 심판자이기 때문이다."

투르 오라흐 하임: "천상과 천하에 있는 모든 피조물에 권위를 행사하는 전능한 주체다."

슐한 아루흐: "엘로힘은 전능한 하나님이다."

말빔: "엘로힘은 복수형이므로 창조 당시 확산된 수많은 세력을 의미한다. 이는 한분이신 하나님에게서 발산된 것이며, 세력의 원천은 그분 안에서 완전하게 연합한 모습으로 발견된다."

주류를 이루는 견해에 따르면, 엘로힘은 공의의 심판자와 통치자, 지도자, 입법자로 통하는 반면, 하쉐임(여호와)은 자비와 은혜의 속성을 나타낸다고 한다. 하쉐임의 속성을 가르쳐주는 증거는 『출애굽기』에서 찾을 수 있다.

> "여호와(하쉐임)께서 그의 앞으로 지나시며 선포하시되 여호와라, 여호
> 와라, 자비롭고 은혜롭고 노하기를 더디하고 인자와 진실이 많은 하나
> 님이라(출 34:6)[12]."

앞으로 성경을 읽다가 '하나님(엘로힘)'과 '여호와(하쉐임)'로 번역
된 구절을 보면 '아, 공의와 심판, 통치자의 속성이구나!'라든가 '옳
거니, 자비와 은혜가 나타난 하나님이구나.'라며 의미를 곱씹어보면
어떨까? 이를테면, 가인을 심판하시는 하나님은 '엘로힘'이 아니라
'하쉐임'이 개입하셨다고 성경은 말한다. 주님은 심판과 공의보다는
은혜와 자비로 가인을 바라보셨던 것이다.

하나님의 이름으로 푸는 직소퍼즐

하나님이 친히 이름을 드러내신 기사를 추보식(시간 순)으로 열거
해보고 당시 정황을 차근차근 짚어보면 하나님의 이름이 나타날 때
는 기록 전후에 약속이 동반되고 있다는 점을 확인할 수 있다.

* 창세기 17장 ― "나는 엘샤다이다."
* 출애굽기 3장 ― "나는 에흐예 아쉐르 에흐예"다.
* 출애굽기 6장 ― "나는 하쉐임이다."

* 출애굽기 20장 — "나는 하쉐임이다."

"**나는 엘샤다이다.**" ⇨ 너(아브라함)는 크게 번성할 것이다. 네 자손이 이방에서 객이 되어 사백 년 동안 괴로움을 당하다가 그 후에 큰 재물을 이끌고 나오리라.

"**나는 에흐예 아쉐르 에흐예다.**" ⇨ 너희를 애굽의 고난 중에서 인도하여 내어 젖과 꿀이 흐르는 땅 곧 가나안 족속, 헷 족속, 아모리 족속, 브리스 족속, 히위 족속, 여부스 족속의 땅으로 올라가게 할 것이다.

"**나는 하쉐임이다(6장).**" ⇨ 나의 언약을 기억한다. 내가 애굽 사람의 짐 밑에서 너희를 구원할 것이다. 너희는 내 백성이 되고, 나는 너희의 하나님이 될 것이다.

"**나는 하쉐임이다(20장).**" ⇨ 나는 너를 애굽 땅에서 인도해낸 네 여호와니라(언약성취).

『출애굽기』 20장은 앞선 언약이 성취되었다는 점을 재확인하는 동시에, 구원받은 백성이 하나님을 사랑하며 살 수 있는 말씀(계명)으로 이어지는 첫 단추가 된다. 하나님은 당신의 이름을 드러내시며 이스라엘 백성의 고충을 예언하시고 구원을 약속하셨지만, 이스라엘에 그치지 않고 전 인류를 위한 궁극적인 언약을 성취할 때도 역시 이름을 드러내셨다.

그렇다, 하나님의 이름을 둘러싼 퍼즐을 푸는 마지막 열쇠는 바로 예수님이었다. 잡히시기 전 예수 그리스도가 하신 말씀으로 퍼즐은 마침내 완성된다.

"세상 중에서 내게 주신 사람들에게 내가 아버지의 이름을 나타내었나이다(요 17:6)."

"내가 아버지의 이름을 그들에게 알게 하였고, 또 알게 하리니(요 17:26)."

뱀이 입을 열다

뱀이 여자에게 이르되 "너희가 결코 죽지 아니하리라(창 3:4)."

    동물이 인간과 소통한 최초의 사건이다. 요즘에도 개나 고양이와 소통하는 요령을 다룬 책도 몇 권 출간된 바 있지만 매개가 사람의 언어는 아니다. 지금 같으면 물릴까 두렵기도 하고 혐오 동물이라 상종을 하지 않는 것이 예삿일이겠지만 그땐 뱀이란 동물이 지금과는 사뭇 달랐던 모양이다. 뱀이 하와를 보고도 물 생각은커녕 대화를 나누었으니 말이다(상냥한 말씨는 아니었을까?). 뱀이 말을 하는데 이를 당연시 여기는 하와도 석연치가 않다. 그런 점에서 에덴은 『이사야』의 예언이 성취된 곳을 묘사한 듯싶기도 하다. 동물의 이름을 지어주던 아담이 물렸다거나 다쳤다는 기록은 없으니까.

"그 때에 이리가 어린 양과 함께 살며 표범이 어린 염소와 함께 누우며 송아지와 어린 사자와 살진 짐승이 함께 있어 어린 아이에게 끌리며, 암소와 곰이 함께 먹으며 그것들의 새끼가 함께 엎드리며 사자가 소처럼 풀을 먹을 것이며, 젖 먹는 아이가 독사의 구멍에서 장난하며 젖 뗀 어린 아이가 독사의 굴에 손을 넣을 것이라(사 11:6~8)."

그건 그렇고, 소싯적 성경을 배우면서 '어떻게 뱀이 말을 하지?'라며 이상하게 여겼어야 당연한데도 내 기억으로는 이를 물어본 적은 없는 것 같다.[13] 유대인들은 인간의 언어로 소통하는 뱀을 어떻게 생각했을까? 본문이 뱀과 하와의 소통인지, 뱀의 몸뚱이를 빌린 천사의 행각인지 아니면 비유적인 내용인지를 두고는 유대 주석가들도 의견이 분분하다.

이븐 에즈라: 본문은 토씨 하나 틀린 곳이 없습니다. 뱀은 실제로 말을 했으니까요. 저주를 받기 전에는 두 발로 서서 다녔고 하나님께서 지혜도 주셨죠. 뱀이 아니라, 천사가 말을 했다면 왜 뱀이 처벌을 받았겠습니까?

라닥: 뱀이 하와를 꼬드기려 하자 기적적으로 언어구사력이 생긴 것은 아닐까요?

히즈쿠니: 저도 뱀이 말을 했을 거라고 생각합니다. 발람의 나귀가 입을 연 것처럼 하나님은 뱀의 입도 여신 겁니다.

아바르바넬: 뱀은 말을 하는 동물이 아닌데 어찌 그럴 수가 있겠습니까? 게다가 발람의 나귀는 하나님이 '입을 여셨다'고 했지만 뱀을 두고는 그런 기록이 없지 않소? 사실 뱀은 제스처로 이야기를 했던 겁니

창세기의 미스터리

다. 나무에 똬리를 틀고 앉아서는 열매를 시식해도 죽지 않더라는 점을 몸으로 보여주었을 공산이 큽니다. '날 봐, 먹어도 죽지 않았잖아.'라고 말이죠.

호프만: 뱀의 조상이 어떻게든 (매우 가까이 지냈던) 아담과 이브와 소통했으리라는 가정이 아주 어불성설은 아닌 듯싶습니다.

참고로, 구약성경 주석인 미드라쉬에 따르면, 남자가 아닌 여자에게 뱀이 접근한 까닭은 여자가 사내보다 속이기가 쉽기 때문이라고 한다.

동물은 동물과 소통할 수 있다는 점에서 의사를 표현할 수 있는 몸짓이나 소리가 그들에게도 있다고는 볼 수 있지만, 인간과 서로 대화가 가능했다는 기록은 선뜻 믿기가 어렵다. 그러나 아바르바넬의 말마따나 뱀이 몸짓으로 소통했다고 해도 의문이 말끔히 해소되는 것은 아니다. 성경은 뱀의 말을 매우 구체적으로 기록한 데다 하와 역시 이에 맞장구까지 쳤기 때문이다.

열매를 먹어도 죽지 않는다는 점은 몸짓으로도 표현이 가능할지 모르나, "눈이 밝아진다"거나 "하나님 같이 된다" 혹은 "선악을 분별할 줄 알게 된다"라는 추상적인 개념은 어떻게 몸으로 나타낼 수 있겠는가?

"큰 용이 내쫓기니 옛 뱀 곧 마귀라고도 하고 사탄이라고도 하며 온 천하를 꾀는 자라."

"And the great dragon was cast out, that old serpent, called the Devil, and Satan, which deceiveth the whole world(KJV)(계 12:9)."

신약에서는 마귀를 뱀에 빗대고 있으므로 본문의 뱀에는 중의적인 의미가 다분히 내포되어있다고 볼 수 있다. 그렇다면 어디까지가 뱀이고, 어디까지가 사탄의 역할인가(5장과도 관계가 깊은 물음이다)? 뱀의 잘못은 무엇인가? 하와는 뱀이 사탄이라는 점을 눈치챘을까? 하와의 말 중 "이 뱀이 저를 속였습니다"에서 뱀은 속이는 사탄인가, 동물인가? 둘 다 뜻하는 중의적인 표현은 아닐까?

뱀의 단독 범행이었다면 의사소통을 두고는 논란의 여지가 있겠지만 공범으로 사탄이 개입되었다면 미스터리가 (여전히 알쏭달쏭하지만) 조금이나마 해소될지도 모르겠다. 하나님께서 나귀 입을 열어 나귀가 발람에게 말을 했듯이(민 22:28) 사탄이 뱀의 입을 열었다고 보면 어떨까? 그렇다면 대화의 주체는 뱀을 매개로한 사탄과 하와로 압축될 것이다. 소통수단에 대한 경우의 수는 이렇다.

1. 뱀은 동물의 소리로, 하와는 인간의 언어로 대화했다.
2. 뱀과 하와는 둘 다 인간의 언어로 대화했다.
3. 뱀과 하와는 둘 다 동물의 소리로 대화했다.

첫째, 하와가 뱀의 소리를 듣고 의사를 이해할 수 있었다면 사탄이 하와의 귀를 열어주었는지도 모른다. 둘째, 둘 다 인간의 언어로 대화했다면 발람의 나귀 사건처럼 사탄이 뱀의 입을 빌려 언어를 구사했을 것이고, 셋째, 하와가 뱀(동물)의 소리를 냈다면 사탄이 하와의 귀와 입을 열어 뱀의 소리를 알아듣고 이를 표현했을지도 모를 일이다.

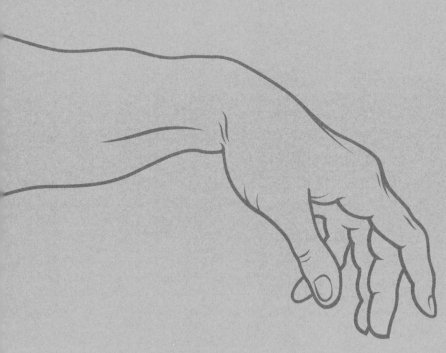

story 2

'느샤마'는 하나님이 불어넣으신
고매한 영혼을 가리키므로
기자는 '영'으로
하나님을 찬양하라고 주문한다.
또한 느샤마는 인간에게만 적용되는 말이므로
찬양하는 주체는 동식물이 아닌
'사람'이지만 모든 사람이 아니라
하나님이 친히 "생명의 느샤마"를 불어넣어주신
하나님의 사람만을 지칭할 것이다.

영의
미스터리

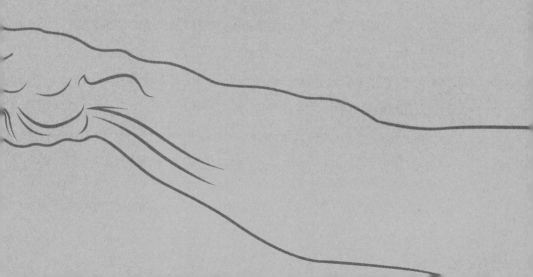

2

영의
미스터리

영(혼): 육체 속에 깃들어 생명을 부여하고 마음을 움직인다고 여겨지는 무형
　　　의 실체. 몸이 죽은 뒤에도 영원히 존재한다고 여겨진다.

혼: 사람의 몸에 있으면서 그것을 거느리고 목숨을 붙어 있게 하며, 죽어도 영
　　원히 남아 있다는 비물질적이고 초자연적인 존재.

　영과 혼을 국어사전에서 찾아보았다. 손으로 만질 수도 없고 현미
경으로 관찰될 수도 없어 몸 어디에 붙어있는지조차 딱히 짚어내기
어려운 것이 영혼이다. 사전에는 '영'과 '영혼'이 같은 개념으로 정의
되어있는 반면, 혼은 그와 비슷하면서도 어딘가는 좀 다른 듯싶지만
죽어도 영원히 존재한다는 점은 같다.
　영과 혼을 나누어야 하느냐, 말아야 하느냐는 이 책의 논점이 아니

　　　　　　　　　　　　　　　　　　　　창세기의 미스터리

다. 알다시피, 구약 기자는 영과 혼을 칼로 무 자르듯 둘로 나누진 않
았다. 그래서 혹자는 '루아흐'와 '네페쉬'를 '영'과 '혼'으로 구분해야
하는데 그러지 않아 "오역"이라고 이야기하지만 이를 정확한 지적
이라고 할 수는 없다. 성경에는 '영'으로 옮긴 단어가 둘만 있는 것은
아니기 때문이다.

영의 실체도 따질 생각은 없다. 영의 실체는 인간의 글로 나타낼
수 없다는 전제를 믿기 때문이다. 그러니 베일에 싸인 영의 특징을
성경은 어떻게 기록했는지 집중적으로 조명해볼까 한다. 다양한 히
브리 단어가 우리글로나 영어로 모두 "영spirit"으로 번역된 점 또한
영의 미스터리를 시사하는 대목이 아닐까 싶다.

우선 영을 파헤치려면 『창세기』 2:7절을 유심히 살펴봐야 한다. 영
으로 번역되는 두 단어가 한 절에 묘사되어있어 영을 피상적으로나
마 느낄 수 있을 것이다.

바이파흐 / 버아파브 / 니슈마트 / 하임 / 바여히 /
하아담 / 러네페쉬 / 하야
그가 불어넣었다 / 그의 코안에 / ~의 느샤마를 / 생명 / 그러자 ~이(가) 되었다
/ 그 아담이 / ~의 네페쉬 / 생명
그가 그의 코에 생명의 느샤마를 불어넣자, 그 아담이 생명의 네페쉬가
되었다(원전직역).

본문은 하나님께서 생명의 느샤마(니슈마트)를 코에 불어넣자 아

담이 생명의 네페쉬가 되었다는 내용이다. 개역성경은 이를 "생기 (니슈마트 하임)"와 "생령(네페쉬 하야)"으로 옮겼으니 느샤마를 "기 氣"라고 번역한 셈이다. 그렇다면 성경 주석가들은 본문을 어떻게 이해했을까? 느샤마와 네페쉬의 뜻은 아래와 같다.

느샤마: 호흡

네페쉬: 목[14], 호흡, 사람

히즈쿠니: "생명의 느샤마"란 소멸되지 않고 영원히 살아있는 영혼을 두고 하는 말입니다.

스포르노: 하나님이 당신의 형상을 수용할 준비가 된 영혼을 불어넣으신 건 아닐는지요.

람밤: 영혼이 아담의 코에 주입되었기에 인간의 영혼은 하나님의 본질을 담고 있으며, 성경이 영혼의 원천을 기록한 까닭은 영혼이 물질에서 비롯된 것이 아니라는 점을 암시하기 위해서입니다.

람반: 하나님은 지각이 있고 살아 움직이는 사람을 창조하시고 나서 코에 생명의 느샤마를 불어넣으신 겁니다. 그래서 사람은 살아있는 영혼이 되어 이성적인 판단력과 언어구사력을 발휘하고 과업을 행할 수 있게 된 것이죠.

느샤마와 네페쉬에는 공통적으로 '호흡'이란 뜻이 있다. 기본적인 의미는 호흡이다. 그렇다면 왜 개역성경에서는 이 둘을 '호흡'으로 옮기지 않았는가 하는 의문이 들지도 모르겠다. 아담의 코에 호흡을 불어넣자 생명의 호흡을 하게 되었다고 보면 안 될까?

창세기의 미스터리

느샤마와 네페쉬가 '호흡'이라면 사람이 죽은 후 이 둘이 소멸되는가도 눈여겨봐야 할 점이다. 호흡과 영이 아주 같지는 않지만 서로 유사한 특징이 있어 '호흡'을 '영'으로 옮겼을지도 모른다. 어쨌든 이 둘이 사후에 끊어질지 말지는 아직 긴가민가하지만, 그 외에 영으로 번역된 '루아흐'는 죽어도 소멸되지 않는다는 내용이 성경에 있다. 루아흐에도 '호흡'과 '바람'이란 뜻이 있다.

> "다 흙으로 말미암았으므로 다 흙으로 돌아가나니 다 한 곳으로 가거니와 인생의 혼(루아흐)은 위로 올라가고 …… 누가 알랴(전 3:20~21)."

어느 주석가의 말마따나, 성경에서 가장 위험한 책이라 불리는 『전도서』구절이다. 흥미롭지 않은가? 아이러니컬하지만, 솔로몬은 모르긴 몰라도 사람이 죽을 때 '루아흐'는 위로 올라간다고 기록했으므로(아무도 모를 일을 자신은 어찌 알고 기록했을까?) 일단 루아흐는 사후에도 소멸되지 않는다는 점이 명백해졌다. 다시금 내용을 정리해보자.

성경에서 '영'으로 번역된 명사는 크게 셋이다.

* 네페쉬(목, 호흡)
* 루아흐(바람, 호흡) ⇨ 죽어도 소멸되지 않는다
* 느샤마(호흡)

이 셋은 굳이 옮기려면 각각 다른 명칭을 써야겠지만 마땅히 떠오르지 않아 그냥 히브리어 음을 그대로 쓸 참이다. 구약을 우리글로 옮긴이는 느샤마를 "기"라고 했다가 "영혼"으로 옮긴 반면[15], 70인역(구약성서의 그리스어역)에서는 루아흐와 느샤마를 각각 "프뉴마[16]"와 "프노엔[17]"으로, 네페쉬는 "프쉬케[18]"로 옮겼다. 우리글로 대응시킨다면 루아흐는 '영,' 느샤마는 '기,' 네페쉬는 '혼'으로 일괄 번역할 수 있겠지만 세 용어를 두고는 원시종교와 이교도의 사상이 적잖이 혼재된 까닭에 활용은 지양할 것이다. 아무래도 오해의 소지가 있기 때문이다.

> "또 너희의 온 영(프뉴마)과 혼(프쉬케)과 몸이 우리 주 예수 그리스도께서 강림하실 때에 흠 없게 보전되기를 원하노라(데살로니가전서 5:23)"

> "하나님의 말씀은 …… 혼(프쉬케)과 영(프뉴마)과 및 관절과 골수를 찔러 쪼개기까지 하며 또 마음의 생각과 뜻을 판단하나니(히브리서 4:12)"

루아흐에 대해서는 솔로몬이 귀한 단서를 남겨 다행이다. 듣기만 해도 마음이 허무해질지 모를, 솔로몬의 책에 들어가 힌트에 집중해 보자.

> "그리고 모두(짐승과 사람)에게 루아흐도 하나다. 사람이 짐승보다 더

창세기의 미스터리

나은 것은 없다. 모두 허무하기 때문이다(전 3:19)(원전직역)."

기자는 사람의 운명과 짐승의 운명이 같다는 주장으로, 둘 다 죽는 것도 같고 루아흐도 같다며 인간이 짐승보다 더 나은 점이 없다고 이야기한다. 그러다가 21절에서는 (다만 차이가 있다면) 사람의 루아흐는 위로 올라가고 짐승의 루아흐는 아래로 내려가지만, 사람은 이를 알 재간이 없다는 것이다(육신이 먼지로 돌아간다는 점은 알 것이다).

사람의 루아흐는 위로 올라간다 ……. 즉, 사람이 죽을 때 육신을 떠나는 영혼이 루아흐라는 이야기인가? 네페쉬나 느샤마가 올라가는 것은 아닐까? 아래 구절에서 말하는 "혼"은 무엇일까? 루아흐일까?

"그가 죽게 되어 그의 혼이 떠나려 할 때에 아들의 이름을 베노니라 불렀으나, 그의 아버지는 그를 베냐민이라 불렀더라(창 35:18)."

흥미롭게도 사람이 죽어 육신을 떠나는 혼은 원전을 보면 "네페쉬(프쉬케)"라고 한다. 그러므로 '네페쉬'와 '루아흐'가 불멸의 실체라는 점이 분명해진다. 네페쉬와 루아흐가 소멸되지 않는 영혼이라면 왜 다른 단어를 써야했을까? 그 외에 아나니아의 죽음을 기록한 『사도행전』에서도 이와 유사한 대목을 접할 수 있는데 이때 영혼은 어떤 단어를 썼을지 자못 궁금해진다.

"아나니아가 이 말을 듣고 엎드러져 혼이 떠나니(행 5:5)"

기자는 동사 "에크푸쉬코"를 썼다. "푸쉬케"에서 파생된 합성동사이므로 아나니아의 영혼도 "네페쉬"에 해당된다. 따라서 『창세기』 2장 7절에 기록된 "생명의 네페쉬"는 '생명의 호흡'으로 단정하기에는 무리가 있다. 호흡은 육신이 죽으면 그만이지만 성경은 네페쉬가 육신을 떠나 소멸되지 않는다는 힌트를 주고 있기 때문이다. "생명의 영(생령)"으로 보는 편이 나을 것이다.

『사무엘상』 28장도 짚어볼 가치가 있다. 본문을 읽은 독자는 15절에 나타난 사무엘의 정체를 두고 고민하게 되는데(학계에서도 민감한 문제일 것 같다) 논지와 아주 무관하진 않을 것 같아 잠깐 언급할까 한다. 사울이 엔돌의 신접한 여인을 찾아가 죽은 사무엘을 불러들인다는 기사 말이다.

> "여인이 사울에게 이르되 내가 영이 땅에서 올라오는 것을 보았나이다 (삼상 28:13)."

솔로몬에 따르면 사람의 영은 위로 올라간다고 했는데, 여기서는 땅에서 올라왔다고 하니 여인이 말하는 영은 아래로 내려갔었던 모양이다. 그렇다면 여인이 가리키는 영도 "네페쉬"나 "루아흐"일까?

> "바토메르 / 하이샤 / 엘샤울 / 엘로힘
> 라이티 / 올림 / 민하아레쓰"
> 말했다 / 그 여인이 / 사울에게 / 엘로힘을
> 내가 보았다 / (그들이) 올라가는 것을 / 그 땅으로부터

이유는 모르겠지만 그녀는 "엘로힘(동사가 복수일 때는 허구적인 '잡신'을 일컫는다)"을 보았다고 한다. 좀더 연구가 필요하겠지만 사무엘의 '영'은 필자가 이야기한 세 영혼과는 무관한 것 같다.

루아흐가 사람과 동물에게 있다면 네페쉬는 어떨까? 네페쉬가 사람에게 있다는 점과 아울러 다른 피조물에 있을까도 면밀히 관찰해보자. 이번에는 하나님이 노아와 언약을 맺는 현장으로 가볼 차례다.

> 콜-네페쉬 / 하야 / 버콜바사르 / 아쉐르 / 알하아레쯔
> 모두 ~의 네페쉬 / 생명 / ~의 육신 모두 안에 / 땅 위에 (있는)
> 땅 위에 있는 모든 육체 안의 "생명의 네페쉬" 모두 ……
> (창 9:16)(원전역)

> "무지개가 구름 사이에 있으리니 내가 보고 나 하나님과 모든 육체를 가진 땅의 모든 생물 사이의 영원한 언약을 기억하리라(창 9:16)."

우리글 번역본에는 "육체를 가진 땅의 모든 생물"이라고 했지만 그 어구에는 보다시피 "생명의 네페쉬"가 들어있다. 즉, 네페쉬는 논리상 언약의 대상인 사람을 비롯한 모든 동식물에 다 적용된다는 뜻이 될 것이다. 그렇다면 식물이 죽을 때도 네페쉬가 몸을 벗어난다는 말일까? (식물에 루아흐가 있다는 말은 없으므로) 짐승이 죽으면 루아흐와 네페쉬가 똑같이 몸을 떠난다는 말이 되는데 여하튼 지금까지의 논리로는 그렇다. 식물이 죽을 때 그 네페쉬는 어디로 가며 결국

은 어떻게 될까?

네페쉬와 루아흐는 어떻게 다를까? 네페쉬는 육체를 가지고 호흡하는 모든 피조물에 있는 반면, 루아흐는 인간과 동물(짐승)에 있다고 했다. 그러므로 식물과 동물의 차이가 네페쉬와 루아흐를 구분하는 주요 변수가 될 것이다.

* 네페쉬(목, 호흡) — 죽어도 소멸되지 않는다(사람, 동물, 식물 = 육체를 가진 것)
* 루아흐(바람, 호흡) — 죽어도 소멸되지 않는다(사람과 동물)
* 느샤마(호흡)

앞서 인용한 람반의 말마따나 하나님께서 루아흐를 주고 나서 느샤마도 불어넣으셨다면 과연 오류일까?

람반: 하나님은 지각이 있고[19] 살아 움직이는 사람을 창조하시고 나서 코에 생명의 느샤마를 불어넣으신 겁니다. 그래서 사람은 살아있는 영혼이 되어 이성적인 판단력과 언어구사력을 발휘하고 과업을 행할 수 있게 된 것이죠.

람반은 왜 지각이 있고 살아 움직이는 사람이 창조된 후에 생명의 느샤마가 들어갔다고 주장했을까? 루아흐의 존재를 일찌감치 깨달았던 것은 아닐까? 필자의 논리를 적용하자면, 그는 루아흐가 갖춰진 후에 느샤마가 나중에 주입되었을 거라고 주장한 셈이다(루아흐

창세기의 미스터리

전에 느샤마가 스며들진 않았을까? 그건 아닐 공산이 크다).

그럼 네페쉬는? 2장 7절에 따르면, 하나님이 "생명의 느샤마"를 불어넣자 "생명의 네페쉬"가 되었다고 하니 느샤마가 있기 전에 네페쉬가 된 것은 아니리라.

생명의 느샤마 ⇨ 생명의 네페쉬 (O)

생명의 느샤마 = 생명의 네페쉬 (?)

하지만 네페쉬는 사람을 비롯한 모든 동식물에도 있다고 했는데, 그렇다면 생명의 느샤마가 모든 생명체에 다 주입되었다는 이야기인가? 권위자들은 아니라고 입을 모은다.

이븐 에즈라, 라닥: "느샤마"는 오직 사람에게만 적용되는 말입니다.

라쉬: 하나님은 '아파르(먼지)'로[20] 육체를, 느샤마로 영혼을 만드셨으므로 저급한[땅의] 물질과 숭고한[하늘의] 물질로 인간을 만드신 셈입니다.

브호르 쇼르: "느샤마"는 하나님에게서 비롯된 것으로 지식과 언어구사력 및 지성이 동물을 능가하며 …… 언젠가는 심판대에 서게 될 최상의 영혼을 일컫습니다.

이처럼 느샤마는 인간 외에 적용되는 사례가 없다고 한다. 하나님이 오직 아담(사람)에게만 불어넣으신 느샤마 덕분에 인간이 모든 피조물보다 우월하게 된 것이다. 그런 의미에서 『시편』의 마지막 절은[21] 시각을 달리하여 읽어야 할 듯싶다.

콜 / 하느샤마 / 트할렐 / 야 / 할렐루야

모두 / 그 느샤마 / 찬양하라 / 여호와 / 할렐루야

'그' 느샤마 모두는 여호와를 찬양하라, 할렐루야

(시 150:6, 원전직역)

　'느샤마'는 하나님이 불어넣으신 고매한 영혼을 가리키므로 기자는 '영'으로 하나님을 찬양하라고 주문한다. 또한 느샤마는 인간에게만 적용되는 말이므로 찬양하는 주체는 동식물이 아닌 '사람'이지만 모든 사람이 아니라 하나님이 친히 "생명의 느샤마"를 불어넣어주신 하나님의 사람만을 지칭할 것이다.

　그리고 정관사(ㄱ)가 붙었다는 점으로 미루어, 본문은 창세 때 주께서 불어넣으신 그 "생명의 느샤마"로 하나님을 찬양하라는 주문이기도 하다. 그렇다, 사람에게는 네페쉬와 루아흐가 있지만 하나님이 선택하고 하나님과 교통하는 사람 즉, 성령을 받은 사람에게는 생명의 느샤마가 주입됨으로써 궁극적으로 '살아있는' 사람이 될 것이다. 아담(인간)이 하나님과 교통할 수 있었던 까닭도 생명의 느샤마 덕분이었으리라(하나님의 영 즉, 생명의 느샤마를 받지 않은 사람은 생명의 네페쉬가 되지 못할 것이다).

　* 네페쉬(목, 호흡) ⇨ 죽어도 소멸되지 않는다(사람, 동물, 식물 = 육체를 가진 것)

　* 루아흐(바람, 호흡) ⇨ 죽어도 소멸되지 않는다(사람과 동물 = 기동성을 가진 것)

* 느샤마(호흡) ⇨ 죽어도 소멸되지 않는다(사람 = 동물보다 우월한 지성의 결정체)

　　하나님의 호흡이 인간의 영혼(루아흐, 느샤마, 네페쉬)으로 변모하는 기적을 마음에 그리며 장을 마치련다.

깨알 미스터리:
눈이 밝아지기까지

> "여자가 그 열매를 따먹고 자기와 함께 있는 남편에게도 주매 그도 먹
> 은지라. 이에 그들의 눈이 밝아져 자기들이 벗은 줄을 알고(창 3:6~7)."

선과 악을 알게 하는 나무의 열매를 먹고 눈이 밝아지기까지는 얼
마나 걸렸을까? 과즙이 식도를 넘어 위에 도달할 때였을까? 영양소
가 체내에 흡수되고 나서였을까? 대수롭지 않을 법한 점을 거론하
는 이유는 사건의 시간적 순서sequence에 문제가 있어 보이기 때
문이다.

뱀의 말을 들은 하와가 열매를 먹고 나서 아담에게 주었다면 하와
의 눈이 먼저 밝아졌어야 옳다. 그러니 열매를 주기는커녕 부끄러운
마음에 제 몸 가리기 바빴을 터인데, 아담에게 열매를 따서 줄 때까

지 하와에게는 아무런 반응이 일어나지 않았다. 설령 반응이 늦게 일어났다손 쳐도 눈이 동시에 밝아지진 않았을 것이다.

따라서 "그들의 눈이 밝아졌다"는 구절은 시간을 감안하지 않고 열매를 먹은 결과를 서술했을 것으로 추정된다. 이때 한 가지 흥미로운 사실은 남편 아담이 '하와와 함께 있었다'는 점이다. 열매를 한 입이든, 두 입이든 베어 물고 나서 남편에게 건넬 때는 굳이 자리를 뜰 필요가 없었다는 이야기다.

* 아담과 하와는 어디에 있었는가?
* 아담은 열매의 정체를 알고 먹었는가?
* 아담은 뱀의 말을 들었는가?

뱀과 대화를 나눈 현장에서 하와는 나무를 보며 감탄했다고 한다.[22] 열매가 아니라 '나무'가 탐스럽고 먹음직스러워 이를 따먹었다고 성경은 기록했다(걸어갔다는 기록은 없다). 사실, 나뭇가지나 이파리를 먹는 것이 아닌지라 '열매'를 보고 '탐스럽다'거나 '먹음직스럽다'고 해야 상식적으로 옳지 않았을까? 왜 '나무'가 탐스럽다고 했을까?

추정컨대, 열매를 볼 수 없는 거리에 나무가 있었기 때문은 아니었을까? 하지만 '걸어갔다'는 기록이 없이 열매를 곧장 따먹었다고 하니(3:6) 나무와 두 사람은 가까이에 있었을 개연성도 배제할 수는 없을 것이다. 그러면 경우의 수를 둘로 나누어보자.

1 두 사람은 나무와 아주 가까운 곳에 있었다

아담과 하와와 뱀과 나무, 넷이 함께 있다
  ⇨ 뱀이 하와를 꼬드긴다
  ⇨ 아담도 이를 같이 듣는다
  ⇨ 하와가 손을 내밀어 열매를 따서 먹는다
  ⇨ 맛이 기가 막혀 옆에 있던 아담에게도 열매를 건넨다
  ⇨ 아담이 먹고 난 순간(혹은 그 이후) 하와의 눈이 먼저 밝아진다
  ⇨ 아담도 눈이 밝아진다

2 두 사람은 열매가 잘 보이지 않는 곳에 있었다

아담과 하와와 뱀이 함께 있고 나무는 조금 떨어져 있다.
  ⇨ 뱀이 하와를 꼬드긴다
  ⇨ 아담도 이를 같이 듣는다
  ⇨ 하와가 일어나 아담과 함께 나무로 간다[23]
  ⇨ 하와가 먼저 열매를 먹는다(이때 아담은 마음이 편치 않았으리라)
  ⇨ 맛이 기가 막혀 옆에 있던 아담에게도 열매를 건넨다
  ⇨ 아담이 먹고 난 순간(혹은 그 이후) 하와의 눈이 먼저 밝아진다
  ⇨ 아담도 눈이 밝아진다

  그런데 둘 중 하나가 '참'이 되려면 앞서 꺼냈던 두 가지 물음이 해결되어야 한다.

창세기의 미스터리

⇨ 아담은 열매의 정체를 알고 먹었는가? 그렇다

⇨ 아담은 뱀의 말을 들었는가? 그렇다

어째서 둘 다 "그렇다"일까? 하와는 열매를 먹으면서 "이게 동산 중앙에 있는 금단의 나무 열매인데 한번 잡숴봐요. 맛이 기가 막혀 요."라고 밝히지 않았는데 아담은 어떻게 알았으며, 뱀이 하와에게 말을 걸었는데(창 3:4) 그가 이를 어떻게 들었다는 말인가? 일단 뱀 이 2인칭 복수형 —"너희 눈들"— 을[24] 썼다는 점과, 아담이 하나님 께 변명하는 구절을 보면 아담이 뱀의 말을 들었고 열매를 알고 먹 었다는 점이 명백해진다.

"하나님이 함께 있게 하신 여자가 주어 먹었을 뿐, 그 나무 열매인지는 몰랐습니다." (×)

"하나님이 함께 있게 하신 여자가 그 나무 열매를 내게 주므로(창 3:12)" (O)

눈이 밝아진 순서는 이 정도로 정리해둘까 한다. 물론 제3의 경우 가 없다고는 장담해서도 안 되고, 장담할 수도 없을 것이다.

"아담은 하와와 함께 있었을 뿐 아니라, 하와의 남편이었기에 면책이 불가했다."

– 스포르노

깨알 미스터리:
므두셀라의 절묘한 죽음

　제목만 읽고도 "아, 그 이야기 ……."라며 추임새를 넣을 독자도 더러 있겠지만, 혹시라도 모르는 이를 위해 므두셀라의 죽음을 거론할까 한다. 최장수 인물인지라 그가 경신한 신기록은 아무도 깰 수가 없기에 『기네스북』에 등재되었을 성싶기도 하다.

　성경에 따르면, 그는 187세에 라멕을 낳고 969세를 일기로 세상을 떠났다고 한다(창 5:27)(잘 기억해두길 바란다). 므두셀라는 노아 시대에도 살았기 때문에 방주에 타지 않은(혹은 못한) 점에 대해서는 호기심이 발동하지 않을까 싶은데, 다행히 기록을 파헤치다보면 사건의 전말을 확연히 알 수가 있다.

　여러분 또한 '절묘하다'라는 관형사가 사건의 미스터리를 형언할 적절한 어구라는 데 공감할 것이다. 그럼 이해를 돕기 위해 노아와 므두셀라의 족보를 살펴보자.

므두셀라

⇩

라멕

⇩

노아

므두셀라는 187세에 라멕을 낳고, 라멕은 182세에 노아를 낳았다. 그러므로 노아가 태어날 때 므두셀라는 369세가 된다(그 후 600세를 더 살았다). 노아는 언제 방주를 만들었는가?

"홍수가 땅에 있을 때에 노아가 600세라. 노아는 아들들과 아내와 며느리들과 함께 홍수를 피하여 방주에 들어갔고(창 7:6~7)."

므두셀라가 369세에 노아가 태어났고 노아가 600세에 방주가 완성되었으므로 당시 그는 969세였을 것이다. 절묘하지 아니한가! 하나님이 홍수로 세상을 심판하기 직전에 므두셀라의 영혼을 데려가셨으니 말이다.

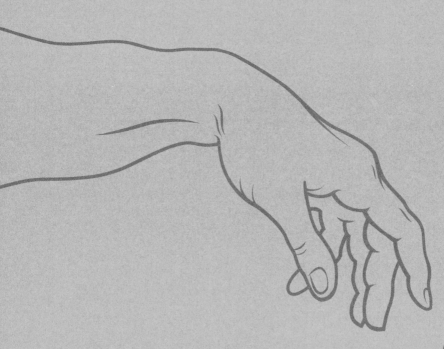

홍수가 나기 전까지만 해도
노아는 하나님이 당대의 의인으로 지정한 인물이었다.
이때 노아는 "하나님의 두 눈에서 은혜를 발견했다"고
성경은 이야기한다.
하지만 홍수 이후의 행동을 보면
하나님과 동행했다는 위인이 맞나 싶을 정도로 전과는 '매치'가 잘 안 된다.
이 장에서는 미스터리가 '충만' 한 노아의 가정을 살펴볼까 한다.
본문을 얼핏 봐서는 논란의 여지가 많은 까닭에
옛 성경학자들도 이를 해명하고 싶어 연구에 연구를 거듭했으리라 짐작된다.

노아의 가정을 둘러싼
미스터리

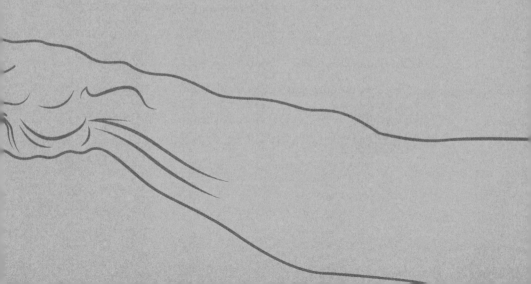

03

노아의 가정을 둘러싼
미스터리

"방주에서 나온 노아의 아들들은 셈과 함과 야벳이며 함은 가나안의 아버지라. 노아의 이 세 아들로부터 사람들이 온 땅에 퍼지니라. 노아가 농사를 시작하여 포도나무를 심었더니 포도주를 마시고 취하여 그 장막 안에서 벌거벗은지라. 가나안의 아버지 함이 그의 아버지의 하체를 보고 밖으로 나가서 그의 두 형제에게 알리매, 셈과 야벳이 옷을 가져다가 자기들의 어깨에 메고 뒷걸음쳐 들어가서 그들의 아버지의 하체를 덮었으며 그들이 얼굴을 돌이키고 그들의 아버지의 하체를 보지 아니하였더라. 노아가 술이 깨어 그의 작은아들이 자기에게 행한 일을 알고, 이에 이르되 가나안은 저주를 받아 그의 형제의 종들의 종이 되기를 원하노라 하고, 또 이르되 셈의 하나님 여호와를 찬송하리로다. 가나안은 셈의 종이 되고, 하나님이 야벳을 창대하게 하사 셈의 장막에 거

창세기의 미스터리

홍수가 나기 전까지만 해도 노아는 하나님이 당대의 의인으로 지
정한 인물이었다. 이때 노아는 “하나님의 두 눈에서 은혜를 발견했
다(버노아흐 마짜 헤인 버에이네이 하쉐임)”고 성경은 이야기한다(창
6:8, 원전직역). 하지만 홍수 이후의 행동을 보면 하나님과 동행했다
는 위인이 맞나 싶을 정도로 전과는 ‘매치’가 잘 안 된다. 이를테면, 포
도주에 흠뻑 취해 벌거벗고 잠을 청하는가 하면, 손자인 가나안을 저
주하기도 했다. 예전에 비해 노아의 모습은 너무도 달랐다. 물론 기자
가 일일이 기록하지 않아서 몰랐을 뿐 그간 인성이 달라진 것은 아닐
듯싶기도 하다. 이 장에서는 미스터리가 ‘충만’한 노아의 가정을 살펴
볼까 한다. 본문을 얼핏 봐서는 논란의 여지가 많은 까닭에 옛 성경학
자들도 이를 해명하고 싶어 연구에 연구를 거듭했으리라 짐작된다.

* 왜 땅의 사람인가?
* 왜 단수인가?
* 왜 가나안이 저주를 받았는가?

왜 땅의 사람인가?

노아는 정착한 곳에서 “농사를 시작했다”고 한다. 전문용어로는

이를 "의역"이라고 한다. 의역이란 매끄럽지 않은 구절을 역자가 문맥에 맞게 자신의 언어로 쉽게 풀어쓴 번역을 일컫는데 한글 번역본의 내용은 대동소이하지만 영문 번역에는 약간 다른 점이 눈에 띈다 (창 9:20).

"노아가 농사를 시작하여 포도나무를 심었더니"(개역개정)
"노아가 농업을 시작하여 포도나무를 심었더니"(개역한글)
"노아는, 처음으로 밭을 가는 사람이 되어서, 포도나무를 심었다"(새번역)
"한편, 노아는 포도원을 가꾸는 첫 농군이 되었는데"(공동번역)

'농부'나 '경작'과 관련하여 옮긴 것은 NAS, JPS, TNK, RSV, ASV 등이 있는 반면, ESV, NIV, NRS는 원문에 충실하게 "땅의 사람man of soil"으로 번역했다.

즉, "농사를 시작했다"는 것은 "땅의 사람"을 독자가 이해하기 쉽게 의역한 대목이라는 것이다.

וַיָּחֶל נֹחַ אִישׁ הָאֲדָמָה וַיִּטַּע כָּרֶם׃

바야헬 / 노아흐 / 이쉬 / 하아다마 / 바이타 / 카렘
바야헬 / 노아 / ~의 사람 / 땅 / 그리고 그는 심었다 / 포도원을
1 노아는 땅의 사람이 되기 시작했다. 그리고 포도원을 심었다
2 땅의 사람인 노아는 자신을 모독했다. 그러고는 포도원을 심었다

히브리 문자는 밑에 딸린 점이나 짧은 사선을 보면 어디서 끊어 읽

어야할지 판단할 수 있기 때문에 이를 토대로 문장을 분석해야 정확한 의미를 파악할 수 있다.

바야헬/노아(노아호) = 땅의 사람(이쉬 하아다마) (여기서 끊어 읽어야 한다)[25]/그리고 그는 포도원을 심었다(바이타 카렘).

9장 20절에서 가장 중요한 어구는 단연 "바야헬(사역형)"이다. "바야헬"은 접속사 "바"와 "야헬"이 합성된 것으로 '야헬'의 기본형은 "할랄"이며, 사역형으로 쓰인 "할랄"에는 "to begin(시작하다)"과 "to profane(모독하다)"이라는 뜻이 있다. 그래서 라쉬는 본문을 "[그리고] 노아는 땅의 사람으로 자신의 가치를 떨어뜨렸다(혹은 모독했다)"고 옮긴 바 있다.

> 라쉬: 본문의 "바야헬"은 "자신의 모독했다"라고 풀이해야 합니다. 포도원 말고 다른 작물을 재배했어야 했기 때문입니다.
>
> 이븐 에즈라: 전 생각이 좀 다릅니다. "바야헬"에서 "처음beginning(하트할랄)"이 파생되었으니 땅의 사람인 노아가 "최초로" 포도원을 심었다고 보는 편이 타당할 듯싶습니다. 홍수가 있기 전에는 사람들이 포도나무를 한 그루만 심었지만 노아는 처음으로 많은 수의 포도나무를 심어 포도원을 이루었기 때문입니다.

포도원을 가꾸고 나서 벌어지는 노아의 행동을 보면 "땅의 사람(이쉬 하아다마)"에는 왠지 부정적인 뉘앙스가 느껴지는데, 아니나 다를까 "할랄"은 앞선 4장에서도 부정적인 뜻으로 해석할 수 있다.

아즈 / 후할 / 리크로 / 버쉐임 / 하쉐임

그 때에 / 시작했다 / 부르기 / ~의 이름을 / 하쉐임(여호와)

"그 때에 여호와라는 이름을 부르기 시작했다(창 4:26)."

본문에 따르면, (사람들이) 하나님의 이름을 부르기 시작했다지만 "시작했다(할랄/후할)"에는 "모독하다"는 의미가 포함되어 있으므로 위 구절은 중의적인 뜻으로 해석할 수도 있다. 즉, 하나님의 고유한 이름인 '여호와(하쉐임)'를 아무 생각 없이 불러 그를 모독했다는 이 야기다. 이는 열 마디 말씀(십계명) 중 세 번째(하나님의 이름을 함부로 불러선 안 된다)를 위반했다는 논리와도 일맥상통한다.

결국 본문은 어떻게 풀이하든 문맥을 감안한다면 — "땅의 사람인 노아는 자신을 모독했다. 그러고는 포도원을 심었다"로 풀이하든, "노아는 땅의 사람이 되기 시작했다. 그리고 포도원을 심었다"로 이 해하든 — 부정적인 어감을 아주 배제하기는 어려울 듯싶다.

왜 단수인가?

"가나안의 아버지 함이 그의 아버지의 하체를 보고 밖으로 나가서 그의 두 형제에게 알리매, 셈과 야벳이 옷을 가져다가 자기들의 어깨에 메고 뒷걸음쳐 들어가서 그들의 아버지의 하체를 덮었으며(창 9: 22~23)

창세기의 미스터리

함은 아버지의 나체를 보고는 밖에 나가 두 형제에게 알렸다고 한다. "알렸다"의 원어는 "나가드"로 영어로 옮기면 "announce(선포하다)"했다고 이해할 수 있다. 즉, 수군거리거나 귓속말로 험담한 것이 아니라 광고하듯 부친의 치부를 두 형제에게 떠벌리고 다녔다는 말이다.

이때 셈과 야벳은 옷을 가져다가 뒷걸음쳐 들어가서는 아버지를 덮어주었다고 한다. 하지만 원전을 보면 주어는 셈과 야벳인데 동사 "가져다가(라카흐, take)"는 단수를 썼다. 참고로 히브리어는 영어와 마찬가지로 주어와 동사의 수가 일치해야 한다.[26]

바이카흐 / 쉐임 / 바예페트 / 에트-하쉼라
그리고 그가 잡았다(3인칭 단수) / 셈 / 그리고 야벳이 / 옷가지를
그리고 셈과 야벳이 옷가지를 잡았다(3인칭 단수)(창 9:23)

미드라쉬에 따르면, 동사가 단수로 쓰인 까닭은 셈이 먼저 칭찬받을만한 일을 시작하고 난 후에 야벳이 들어와 그를 거들었기 때문이라고 한다. 공감이 가는가? 필사 과정에서 글자를 잘못 옮겼기 때문이라는 주장은 그보다 더 믿기가 힘들다. 3인칭 단수와 복수는 모양새가 크게 다르기도 하지만, 필사가가 지각이 있다면 단/복수의 오류는 쉽게 눈치챘을 테니 말이다.

성경은 구구절절에 의미가 내포되어 있어 "베껴쓰기를 잘못했다"거나, "여러 문서가 조각조각 짜깁기되었다"는 섣부른 억측을 부끄럽게 만들 때가 종종 있다. 혹시라도 "바이카흐"는 필사가의 실수였

다는 점을 지적하며 이를 "복수형으로 고쳐야 한다"고 주장한다면 모세오경의 영감을 주신 하나님의 의도를 100퍼센트 반영할 수 있을까?

노아는 왜 가나안을 저주했는가?

"노아가 술이 깨어 그의 작은아들이 자기에게 행한 일을 알고, 이에 이르되 가나안은 저주를 받아 그의 형제의 종들의 종이 되기를 원하노라 하고(창 9:24~25)"(개역개정)

가장 난해한 수수께끼가 든 구절이다. 분명 함이 잘못을 저질렀는데 가나안이 저주를 받았다고 한다. 노아는 도대체 무슨 생각으로 손자에게 저주를 선언했으며 자초지종은 어떻게 알았을까? 그뿐 아니라 9장 24절에 기록된 "그의 작은아들"은 번역본의 풀이가 달라 누구인지도 확실치가 않다.

성경은 함의 아들인 미스라임을 두고도 "종의 집"이라고 폄하한다.[27] 미스라임은 애굽(이집트)과 단어가 같으므로, 가나안의 형제도 저주를 받았다는 이야기가 된다. 저주는 노아의 입을 통해 선포되었지만 작금의 결과를 보면 하나님께서는 함을 비롯한 후손 전체를 저주한 듯싶기도 하다. 북아프리카와 지중해 동부해안에 정착하게 된 그들의 기질이나 품성을 보면 축복을 받았다는 인상과는 거리가 멀 것이다(ESV Study Bible).

"…… he knew what his youngest son had done to him."[28]

"…… and knew what his younger son had done unto him."

번역 성경을 확인해보면 "막내his youngest son"로 풀이한 것이 대부분을 차지하는데, 『히브리어의 구문론과 문장론』(이용호)를 보더라도 원전의 "하카탄"은 "독립형용사로서 관사의 결합과 함께 최상급으로 표현된다"고 한다(54p).

여기서 막내는 누구를 가리킬까?

쉽지 않은 물음이다. 셈과 함과 야벳의 서열을 둘러싼 의견도 학자마다 다르다. 예컨대, 10장에서는 기자가 셈과 함과 야벳의 족보를 열거한다고 밝혔지만, 정작 족보는 야벳을 비롯하여 함과 셈의 순서로 소개되기 때문에 서열이 헷갈린다는 것이다.

성경깨나 읽었다는 사람이라면 "셈은 에벨 온 자손의 조상이요. 야벳의 형이라(창 10:21)"는 결정적인 단서가 있다고 치부할지 모르나, 그 또한 다른 해석이 가능한 까닭에 곧이곧대로 수긍하긴 어려울 것 같다.

아비 / 콜-버네이-에베르 / 아히 / 예페트 / 하가돌
~의 조상 / 에벨의 모든 자손들 / ~의 형제 / 야벳 / 하가돌

1. (셈은) 에벨의 모든 자손들의 조상이며, 야벳의 형(큰 형제)이다[29]
2. (셈은) 에벨의 모든 자손들의 조상이며, 큰형 야벳의 형제(아우)다[30]

세 형제의 서열이 명확히 구분되지 않으면 두 번역의 진위여부는 가릴 수가 없다. 위의 예문과 같이 문법적으로 둘 다 타당하면 문맥으로 서열을 판단해야 하는데 "야벳의 형"과 "큰형 야벳의 아우"가 모두 그럴듯하다.

이븐 에즈라, 라닥, 람반: 장자는 셈입니다. 왕하 20:1를 보면 "이사야는 아모스의 아들, 선지자Isaiah son of Amoz, the prophet"라고 했는데, 이때 선지자는 아모스가 아니라 이사야를 가리키는 것과 같은 이치입니다.

라쉬: 이 구절만으로는 장자가 셈인지 야벳인지 구분할 수가 없습니다만, 미드라쉬와 탈무드에 근거해본다면 야벳이 큰형이 될 듯싶습니다.

두 견해를 모두 수렴하면 문제가 시원하게 풀릴까? 그렇지도 않다. 모르긴 몰라도 장자가 셈이나 야벳이라면 함은 둘째가 되기 때문에 9장 24절에 기록된 "막내"는 함이 될 수가 없다.

"노아가 술이 깨어 그의 막내아들(= 셈이나 야벳)이 자기에게 행한 일을 알고(창 9:24)"

그렇다면 본문은 셈이나 야벳을 넣어 다시 읽어야 한다는 말인가?

술이 깬 노아는 "셈이나 야벳"이 자기에게 행한 (선한) 일을 알게 되었다고 이해해야 할까?

여기서 한 가지 재미있는 사실은 "그의 막내아들"이 "노아의 막내"가 아니라 "함의 막내"라면 또 다른 해석이 가능해진다는 것이다. 함의 막내는 누구인가?

"함의 아들은 구스와 미스라임과 붓과 가나안이요(창 10:6)"

7절 이하의 본문에서 구스와 미스라임 및 가나안 순으로 소개되는 것으로 미루어 가나안은 함의 막내일 공산이 크다. 그러므로 또 다른 경우는 "노아가 술이 깨어 그의 막내아들(함의 막내아들 = 가나안)이 자기에게 행한 일을 알았다"고 볼 수도 있다는 것이다.

지금까지의 논리를 보면 문제의 구절은 경우의 수가 둘이다.

1. 술이 깬 노아는 셈이나 야벳이 행한 선한 일을 알게 되었다.
2. 술이 깬 노아는 가나안이 행한 악한 일을 알게 되었다.

랍비 여후다: 노아는 함이 저지른 잘못을 알았지만 차마 그를 저주할 수는 없었죠. 하나님께서 이미 노아와 그의 아들에게 복을 선언하셨기 때문에(창 9:1) 그는 함 대신 손자인 가나안을 저주하기로 한 겁니다.

랍비 느헤미야: 가나안이 맨 처음 노아의 추태를 보고나서 아버지를 비롯한 친

지들에게 떠벌렸기 때문에 이를 알게 된 노아가 가나안을 저주한 것입니다.

노아에 얽힌 미스터리를 해결해보고자 이야기보따리를 풀었건만 막상 여기까지 와 보니 해결은커녕 점점 더 미궁에 빠지는 기분이다.

미궁을 벗어나려면 일단 막내아들의 정체도 알아야 하고, 노아가 자초지종을 알게 된 경위도 파헤쳐야 한다. 물론 성경이 시원한 답을 가르쳐줄 리는 없다.

유력한 용의자

막내아들을 두고는 두 가설(셈이나 야벳, 혹은 가나안)을 수용하는 것으로[31] 잠정 결론을 맺고, 이번에는 노아가 사실을 알게 된 경위를 짚어봐야겠다. 필자는 '천상의 존재'와 '사람' 중에 유력한 용의자가 있다고 본다.

> 1. 천사가 귀띔해주었다
> 2. 사람이 귀띔해주었다

'천사는 거짓말을 하지 못한다'는 전제를 깔아두고 나면 그들은 셈과 야벳의 처신과 함의 잘못을 노아에게 이실직고했을 것이다. 우리가 익히 알고 있는 스토리가 진실이라면 노아는 영락없이 함을 저주했을 것이나, 저주는 가나안에게 돌아갔다. 왜일까? 정말 가나안은 이 사건과는 무관한 인물이었을까?

천사의 말에 노아가 가나안을 저주했다면 이는 가나안이 사건에 개입하여 저주를 받을만한 심각한 잘못을 저질렀다는 방증이 될 수도 있다. 즉, 성경에는 기록되지 않은 "비하인드 스토리"가 있다는 이야기다.

반면 사람이 귀띔해주었다면 그는 누구이며 노아에게는 무엇이라고 일렀을까? 우선 용의선상에서 제외해야 할 사람은 셈과 야벳이다. 아버지를 공경할 줄도 알고 남의 잘못을 감싸줄 줄도 아는 아들이었으니까.

결국 용의자는 가나안과 함으로 압축되지만 제3자가 개입하지 않았으리라는 보장도 없으니 확정은 어렵겠다. 가나안이 개입했다는 전제는 그대로 두고 본문에서 또 다른 힌트를 추적해보자.

바예이다 / 에트 / 아쉐르-아싸-로 / 버노 / 하카탄
그는 알았다/ ~을 / 그가 그에게 한 일 / 그의 아들 / 가장 어린
(노아는) 막내아들이 그에게 한 일을 알게 되었다(창 9:24)

"그에게 한 일"도 흥미로운 단서가 된다(실은 머리를 더 복잡하게 만들지만). 막내가 그에게 했다는 일이 무엇일까? 설령 막내로 번역된 인물이 '함'이었다손 치더라도 딱히 그가 노아에게 한 일은 없었다. 벌거숭이 아버지를 보고 나가서 셈과 야벳에게 알린 것이(광고했다

broadcast) 전부였기 때문이다.[32]

엄밀히 말해, 셈과 야벳이 옷가지를 가져다가 어깨에 메고 들어가서 아버지의 몸을 덮어준 것이 바로 "노아에게 한 일"이 아닐까? 그렇게 따지면, 막내아들이 셈이나 야벳을 가리킨다는 점과 그들이 노아에게 뭔가를 했다는 점이 맞아떨어지는 데다, 셈과 야벳이 선행을 했다는 사실을 알게 된 까닭에 노아가 두 아들을 축복한 것도 자연스레 이어진다.

앞서 언급한 정황과 근거를 토대로 사건을 재구성한 시나리오는 아래와 같다.

가상 시나리오 1

노아가 술에 취한 채 장막에서 알몸으로 잠을 청하고 있다. 첫 목격자인 가나안이 이를 함에게 귀띔하자 가나안의 아버지 함이[33] 부친의 장막에 들어가 만취한 노아를 본다. 입이 근질거려 견딜 수 없는 함, 밖에 있던 셈과 야벳에게 사실을 떠벌린다. 두 형제는 서둘러 옷을 가져다가 아버지의 하체를 덮고는 고개를 돌리며 유유히 사라진다. 마침내 술이 깬 노아, 곁에 있던 가나안에게 묻는다.

노아: 이 옷가지는 누가 덮어준 것이냐?

가나안: 큰아빠하고 삼촌이요.

노아: 내가 주책을 떨었구나. 옷을 훌러덩 벗고 잠을 청했으니…… 그런데 용케도 알았구나.

창세기의 미스터리

가나안: 실은 제가 아빠한테 일러준 건데, 아빠가 큰아빠하고 삼촌한테 떠벌리
　　　고 다녀서 알게 된 거예요. 할아버지가 벌거숭이 임금님이라도 된 것
　　　처럼요.
노아: (분통을 터뜨린다) 뭣이! 네가 감히 망신을 줘! 평생 종들 뒤치다꺼리나 해라!

가상 시나리오 2

　노아가 술에 취한 채 장막에서 알몸으로 잠을 청하고 있다. (가나
안의 아버지) 함이 만취한 노아를 본다. 입이 근질거리는 함, 밖에 있
던 셈과 야벳에게 사실을 떠벌리자, 마침 가나안이 현장에서 함의 이
야기를 엿듣게 된다. 두 형제가 옷으로 아버지의 하체를 덮고 고개를
돌리며 유유히 사라지니 이튿날 가나안이 장막에 들어간다. 마침내
술이 깬 노아, 곁에 있던 가나안에게 묻는다.

노아: 이 옷가지는 누가 덮어준 것이냐?
가나안: 큰아빠하고 삼촌이요.
노아: 내가 주책을 떨었구나. 옷을 훌러덩 벗고 잠을 청했으니…… 그런데 용
　　　케도 알았구나.
가나안: 아빠가 그러는데, 포도주에 흠뻑 취해 홀라당 벗고 주무셨다면서요?
　　　　벌거벗은 임금님이 따로 없네요. 히히히.
노아: (분통을 터뜨린다) 뭣이! 네가 감히! 평생 종들 뒤치다꺼리나 해라!

가상 시나리오 3

　노아가 술에 취한 채 장막에서 알몸으로 잠을 청하고 있다. 첫 목

격자인 가나안이 이를 함에게 귀띔하자, 가나안의 아버지 함이 부친의 장막에 들어가 만취한 노아를 본다. 입이 근질거려 견딜 수 없는 함, 밖에 있던 셈과 야벳에게 사실을 떠벌린다. 두 형제는 서둘러 옷을 가져다가 아버지의 하체를 덮고는 고개를 돌리며 유유히 사라진다. 마침내 술이 깬 노아에게 천사가 나타난다.

노아: 이 옷가지는 누가 덮어준 겁니까?

천사: 셈과 야벳이요.

노아: 내가 주책을 떨었구려. 옷을 훌러덩 벗고 잠을 청했으니……, 그런데 용케 알았군요.

천사: 실은 가나안이 함에게 일러주었다가, 함이 셈과 야벳에게 떠벌리고 다녀서 알게 된 거요.

노아: (분통을 터뜨린다) 뭣이오? 손자 녀석이 감히 망신을 주다니! 평생 종들 뒤치다꺼리나 해라!

천사: 훗날 셈의 후손인 아브라함이 가나안에 들어가고, 그 후손 역시 모세라는 인물을 통해 가나안을 정복하게 될 것이오.

노아: 그렇다면 내가 셈과 야벳을 축복하고 가나안은 저주하리다. 가나안은 셈의 종이 되고, 하나님이 야벳을 창대하게 하사 셈의 장막에 거하게 하시고, 가나안은 그의 종이 되게 하시기를 원하노래(창 9:26~27).

깨알 미스터리:
'그'의 마음은 누구의 마음인가?

영어든 우리말이든 대명사는 정신을 집중해서 읽어야 한다. 무엇을 대신하는 말인지 헷갈릴 때가 적잖이 있기 때문이다. 본문은 노아의 가족이 방주를 나와 하나님께 번제를 바치는 기사인데 우리말 성경을 읽으면 밑줄 친 '그 중심'이 누구의 중심을 가리키는지 분명치가 않다.

> "노아가 여호와께 제단을 쌓고 모든 정결한 짐승과 모든 정결한 새 중에서 제물을 취하여 번제로 제단에 드렸더니, 여호와께서 그 향기를 받으시고 그 중심에 이르시되 내가 다시는 사람으로 말미암아 땅을 저주하지 아니하리니(창 8:20~21)."

그의 중심은 곧 '마음'을 가리키며 주체는 두 가지 경우로 나누어 가정해볼 수 있다.

1. 하나님의 마음
2. 노아의 마음

가정 1: 하나님의 마음

우선 하나님의 마음이라면 본문은 주님께서 속으로 하신 말씀이 된다. 하나님의 감동이 없었다면 기자가 어찌 신의 마음을 기록할 수 있었겠는가? "다시는 사람 때문에 땅을 저주하지는 않으리라"는 말은 곧 주님의 다짐이 될 것이다.

노아는 그 사실을 알지 못했을 공산이 크다. 하나님의 마음을 인간은 알 길이 없을 테니까.

노아: 하나님이 또 홍수로 인간을 심판하실지 모르니 두렵구려.
아내: 하나님의 말씀을 다 준행하는 당신이 그렇게 무서워하면 우린 오죽 하겠어요.

마침 하나님은 11절에서 노아의 가족에게 분명히 말씀하셨다. "다시는 홍수로 피조물을 심판하지 않을 것이다!"라고 말이다. 그제야 노아는 안심했을 것이다.

"하나님이 노아와 그 아들들에게 복을 주시며 그들에게 이르시되 ……

내가 너희와 언약을 세우리니 다시는 모든 생물을 홍수로 멸하지 아니
할 것이라. 땅을 멸할 홍수가 다시 있지 아니하리라(창 9:1, 11)."

그러나 전제가 옳다면 다음 사실은 노아도 몰랐을 것이다. 참고로
확인하기 바란다.

1. 사람 때문에 땅을 저주하진 않겠다(8:21).
2. 땅이 있을 동안 심음과 거둠과 추위와 더위와 여름과 겨울과 낮과 밤
이 쉬지 않는다(8:22).

앞선 두 사실은 9장에는 없는 내용인지라, 노아를 비롯한 인류는
사람 때문에 땅이 다시금 저주를 받을지도 모른다거나(홍수가 아닌
다른 재앙으로), 혹은 사시사철과 파종 및 수확기가 언젠가는 그칠 수
도 있으리라 짐작했을지도 모르겠다. 토라(구약성서)가 기록되어 하
나님의 뜻을 파악하기 전에는 말이다.

가정 2: 노아의 마음

두 번째는 하나님이 노아의 마음에 본문의 말씀(창 8:20~21)을 들
려주셨다는 가정이다. 그렇다면 노아는 말씀에 기록된 하나님의 모
든 약속(혹은 다짐)을 전부 깨달았을 것이다. 하나님은 노아의 마음에
말씀하시고, 가족에게도 (내용은 가감되긴 했지만) 직접 일러주셨으니
말이다. 그러므로 앞서 언급했던 미공개 내용은 노아만 알고 있었을
공산이 크다.

하지만 가정 2에는 석연치 않은 점이 눈에 띈다. 하나님이 노아의 중심에 말씀하셨다면 굳이 같은 말씀(내용이 약간 다르지만)을 반복할 필요가 있었겠느냐는 것이다. 랍비와 성경 역본은[34] 전적으로 가정 1에 힘을 실어주고 있다.

이븐 에즈라: 하나님은 그렇게 결심했지만(8:21) 노아와 그의 아들에게는 결심을 공개치 않으셨습니다. 그들이 당신의 계명을 인정하고 언약을 세울 때 비로소 들려주신 것이지요.

람반: '그의 마음'으로 미루어 하나님은 선지자에게도 이를 감추셨을 겁니다. 주님은 모세로 하여금 토라를 기록케 하셨을 때 비로소 "노아의 번제가 상달되어 다시는 피조물을 멸망치 않으리라"는 결심을 일러주셨으리라 생각합니다.

아바르바넬: 하나님의 결심은 노아의 번제와는 전혀 관계가 없다고 봅니다. 사람의 마음이 어릴 적부터 악하다는 기록을 이어 본문이 나왔으니 주님의 독자적인 결단이 아닐까 싶습니다.

여러분의 생각은 어떤가?

"바벨탑을 쌓는 데 수년이 흘렀다.

올라가는 계단과 내려가는 계단은 각각 동쪽과 서쪽에 두었는데,

심히 높은지라 정상까지 오르는 데만 꼬박 1년이 걸렸다.

그래서 인부가 보기에 벽돌 한 장은 인간의 목숨보다 더 소중했다.

사람은 떨어져 죽어도 누구 하나 관심을 갖는 사람이 없었지만

벽돌 한 장이 떨어질라치면 그들은 슬피 울었다.

그것을 다시 올리려면 1년이 걸렸기 때문이다.

사람들은 건설에 전념한 까닭에

임신부가 산통으로 작업이 지연되는 것조차 허용하지 않았다."

바벨탑 사건의
진실

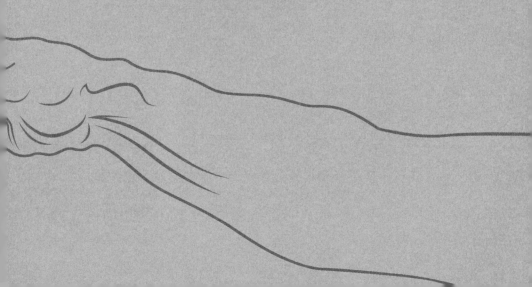

바벨탑 사건의
진실

혼란에 빠진 신의 문 [35)]

"바벨탑을 쌓는 데 수년이 흘렀다. 올라가는 계단과 내려가는 계단은 각각 동쪽과 서쪽에 두었는데, 심히 높은지라 정상까지 오르는 데만 꼬박 1년이 걸렸다. 그래서 인부가 보기에 벽돌 한 장은 인간의 목숨보다 더 소중했다. 사람은 떨어져 죽어도 누구 하나 관심을 갖는 사람이 없었지만 벽돌 한 장이 떨어질라치면 그들은 슬피 울었다. 그것을 다시 올리려면 1년이 걸렸기 때문이다. 사람들은 건설에 전념한 까닭에 임신부가 산통으로 작업이 지연되는 것조차 허용하지 않았다."

"하늘을 향해 연신 활을 쏘자 피가 묻은 화살이 떨어졌다. 이 같은 환상에 사로잡힌 사람들은 '우리가 하늘에 있는 사람을 모두 죽였도다!'라

며 기고만장해 했으나, 사실 하나님은 그들의 잘못을 유도하여 반역죄
를 물을 기회를 찾기 위해 환상을 보이셨던 것이다."

　　탈무드에서 발췌한 글이다.[36] 바벨탑 사건은 이름 석 자를 세상에
내려는 '공명주의'를 엄중히 경고하는가 하면 사람이 제멋대로 살려
고 해도 하나님의 뜻은 거스를 수 없다는 교훈을 주기도 한다.

　　『창세기』 11장은 온 땅의 '입술(싸파)'이 하나고 '말(드바림)'이 하
나라며 운을 뗀다. 구체적으로 밝혀지진 않았지만 동방에서 온 어떤
족속이 시날 평지에 정착해서는 벽돌을 굽기 시작했다. 그들은 도시
와 탑을 건설하며 꼭대기를 하늘에 닿게 하여 이름을 내고 서로 흩
어지지 말자며 입을 맞추었다. 이때 하나님이 이를 보시고는 "입술"
을 혼잡케 하시자, 서로 말을 알아듣지 못하던 그들은 온 지면으로
흩어지게 된다는 것이[37] 전체 줄거리다.

　　언어가 달라져 도시를 건설하지 못했다는 것이 지금까지의 통념
이지만(옛 문헌을 보더라도 내용은 대동소이하다)[38] 여기에는 석연치
않은 점이 한둘이 아니다. 우선, 앞장(10장)을 보면 셈과 함과 야벳
의 후손이 도합 70개의 언어와 종족대로 나누어졌다고 하며, 이때
"언어"는 "mother tongue(어머니의 혀 = 모국어)"에서 쓰이는 "라숀
(혀)"이라 기록되었으나, 11장에서는 "라숀"이 단 한 번도 쓰이질 않
았고, 바벨탑 사건 때문에 언어가 70개로 갈라졌다면 당시 건설 현
장에는 70개의 족속이 살았다는 이야기가 되지만 그것이 사실과 다
르다는 반증은 쉽게 찾을 수 있기 때문이다. 현재 언어는 6,000여 개
로 추정되는데[39] 언어가 갈라진 것이 자연발생적인 현상인지, 하나

님이 바벨탑 건설 때 혼잡케 하신 결과인지도 곱씹어볼 미스터리 중 하나다.

누가 건설했는가?

　성경은 웬만하면 주인공을 밝히지만 바벨탑을 건설한 주체는 분명치가 않다. 왜 그럴까? 주인공보다는 사건의 내용이 중요해서일까? 굳이 밝히지 않아도 알기 때문은 아닐까?

　정확한 인원은 알 수 없지만 분명한 사실은 주인공이 노아의 후손이라는 것이다. 혹시라도 다른 족속일지 모른다고 생각한다면 노아의 방주 사건을 다시 읽기 바란다. 노아의 가족 외에 살아남은 사람은 하나도 없었다! 전후 문맥을 짚어보면 누가 현장에 있었는지는 대강이나마 알 수 있으니 단서가 될 만한 구절을 모아보자.

　"에벨은 두 아들을 낳고 하나의 이름을 벨렉이라 하였으니 그 때에 세상이 나뉘었음이요(창 10:25)"

　"구스가 또 니므롯을 낳았으니 그는 세상에 첫 용사라. 그가 여호와 앞에서 용감한 사냥꾼이 되었으므로 속담에 이르기를 아무는 여호와 앞에 니므롯 같이 용감한 사냥꾼이로다 하더라. 그의 나라는 시날 땅의 바벨과 에렉과 악갓과 갈레에서 시작되었으며(창 10:8~10)"

10장에 기록된 "세상이 나뉘었다"와 "시날 땅의 바벨"이라는 점으로 미루어 벨렉과 니므롯은 바벨탑 사건과 관계가 깊다는 것을 알 수 있다. 니므롯은 함의 손자이고 벨렉은 셈의 증손자인데, 시기도 어느 정도 맞아떨어지는 듯하다.

니므롯의 나라는 시날 땅 바벨과 에렉 등에서 시작된 반면, 벨렉은 태어날 때 세상이 나뉘었다고 하니 니므롯을 비롯한 일가가 바벨에서 도시와 탑을 건설하다가 하나님이 개입하고 나서 벨렉이 출생했을 개연성이 있다는 것이다.

야벳 족속을 두고는 이렇다 할 단서가 없으나 야벳이 이동 인구에서 제외될 까닭은 없을 듯싶다. 애당초 그들은 "흩어짐을 면하자"는 생각을 가졌을 공산이 크기 때문이다.

앞뒤 문맥을 따져보면, 노아가 셈과 함과 야벳의 가족과 함께 살다가 가나안에게 저주를 선언하고 나서 벌어진 일이 바벨탑 사건이다. 그런데 11장 2절을 보면, 그들이 동방에서 이동하다가[40] 시날 평지를 만나 거기서 거류했다고 한다. 노아의 가정은 왜 이사를 결심한 것일까? 라쉬에 따르면, 그들은 식구가 많아지자 모두를 수용할 수 있는 곳을 찾아 떠나다가 시날 땅을 발견했다고 한다. 사실, 노아의 가정사에 족보가 끼어든 데다 11장에 와서는 뜬금없이 주체가 불분명한 '그들'이 등장하는 탓에 바벨탑과 노아의 가정이 거리가 멀 거라는 인상을 은연중에 받았을지도 모르겠다. 왠지 '연결'이 안 되는 그림이다.

언제 건설했는가?

바벨탑 및 도시 건설 시기를 대충이나마 유추하려면 벨렉의 족보를 유심히 관찰해야 한다. 앞서 언급했듯이, 에벨이 낳은 두 아들 중 하나인 벨렉은 이름을 지을 때 '세상이 나뉘었다'고 하니 이에 근거하여 바벨탑을 건설한 때를 짐작해보자.

11:10 셈의 후예는 이러하니라. 셈은 100세, 곧 홍수 후 2년에 아르박삿을 낳았고

11:11 아르박삿을 낳은 후에 500년을 지내며 자녀를 낳았으며

11:12 아르박삿은 35세에 셀라를 낳았고

11:13 셀라를 낳은 후에 403년을 지내며 자녀를 낳았으며

11:14 셀라는 30세에 에벨을 낳았고

11:15 에벨을 낳은 후에 403년을 지내며 자녀를 낳았으며

11:16 에벨은 34세에 벨렉을 낳았고

홍수 후 2년이라 했고, 35세에 셀라를 낳고 에벨과 벨렉은 각각 30세와 34세에 낳았으니 홍수 후 101년(2+35+30+34=101) 전후에 바벨탑 사건으로 민족이 흩어졌다는 이야기가 된다.『창세기』9장 28절에 따르면, 노아는 홍수 후 350년을 살았다고 하니 그 역시 건설 현장을 지켜봤을지도 모르겠다.

이 같은 논리로 미루어볼 때, 벨렉 이후의 세대는 사건 현장에 없었으므로 바벨탑을 쌓을 때 70개 족속이 있었다는 가정은 거짓이 되

창세기의 미스터리

고 만다. 그러므로 10장에 기록된 노아의 후손이 70개의 족속과 언어로 갈라진 것은 오랜 세월이 흐른 결과 문화와 민족성이 낳은 자연발생적인 결과가 아닐까 싶다. 사실, 언어가 갈라진 사실에 바벨탑 사건을 결부시킨 구절은 찾기가 어려운 반면 그렇지 않다는 증거는 찾기가 더 쉽다.

최초의 언어는 무엇인가? [41)]

UN이 추산한 통계에 따르면, 현재 지구상의 언어는 6,000개가 넘는다고 한다. 분명 노아의 가정은 한 가지 언어를 썼을 공산이 크지만, 지구 곳곳에 뿔뿔이 흩어진 이후라면 지리적 환경과 문화가 달라져 고유한 것은 소실되면서 점차 새로운 문화가 탄생했을 것으로 짐작된다. 처음에는 70개였다가 오늘날 6,000개까지 언어가 증가했다는 사실은 족속이 갈라지면 언어도 자연히 달라질 수 있다는 방증이 아닐까 싶다. 그렇다면 노아는 어떤 언어를 구사했을까?

예림: 최초의 언어는 무엇일까요?

신준: 자넨 뭐라고 생각하나?

예림: 언어의 사회성을 따르자면 구성원의 씀씀이에 따라 변한다고 배웠습니다. 그러니 최초의 언어라면 지금은 존재하지 않는 말이 아닐까요?

신준: 좋은 추측일세. 하지만, 앞서 말한 성경을 참고하자면 답이 나오지 않을까 싶네.

예림: 그럼 혹시 ……, 히브리어 아니면 아람어일 가능성이 높겠군요. 구약성경은 그 두 언어로 기록되었으니까요.

신준: 아람어는 아니겠지. 만약 그렇다면 창세기를 아람어로 기록하지 않을 이유는 없었을 테니까.

예림: 그렇겠네요.

신준: (칠판에 창세기 1장 1절을 히브리어로 쓴다) 유대인 랍비의 가르침도 재미가 있지.[42]

בְּרֵאשִׁית בָּרָא אֱלֹהִים אֵת הַשָּׁמַיִם וְאֵת הָאָרֶץ:

신준: 일곱 단어의 뜻을 풀이하자면…….

בְּרֵאשִׁית   태초에 (버레이쉬트)

בָּרָא   창조했다 (바라)

אֱלֹהִים   하나님께서 (엘로힘)

אֵת   ~을 (에트)

הַשָּׁמַיִם   하늘 (하샤마임)

וְאֵת   그리고 ~을 (버에트)

הָאָרֶץ   땅 (하아레쯔)

신준: 알다시피, 태초에 하나님이 하늘과 땅을 창조하셨다는 뜻일세.

예림: 예 …….

신준: 유대인들은 "에트"를 히브리어가 최초의 언어라는 증거로 보고 있지. 그

럼 '에트'까지만 끊어서 위 구절을 다시 읽어보게.

예림: (말을 더듬으며) 버레이쉬트 …… 바라 엘로힘 …… 에트.

신준: 뜻은?

예림: '하나님께서 ~을 창조하셨다'가 되나요?

신준: 그렇게도 볼 수 있지만, "에트"를 창조했다고 풀이할 수도 있지. 공교롭게도 이 두 글자는 히브리어 알파벳의 처음과 마지막 글자라네.

예림: 그러니까 알파벳 처음과 마지막을 만드셨다는 얘기군요.

신준: 그렇지. 알레프(a)부터 타브(t)까지 창조하셨다. 즉, 태초에 하나님이 히브리어를 창조하셨다.

예림: (웃으며) 일리가 있네요.

신준: 사람이 창조되기 전에도 언어가 있었다는 얘긴데, 조물주는 창조 첫째 날 "여히 오르(빛이 있으라)"라고 했지? 그땐 듣는 사람이 없었으니 일방적인 선포라고 해둠세.

예림: 그렇겠죠. 아담이 없었으니까요.

신준: 히브리어가 최초의 언어라면 신은 아담에게 그 언어를 가르쳤을 게야. 그래야 대화가 통할 테니까. 세인은 바벨탑 사건을 근거로 언어가 순식간에 갈라졌다고들 믿지만 굳이 그렇다고 볼 필요는 없네.

예림: 왜죠?

신준: 성경은 6일간 천지가 창조되었다고 하지. 그런데 1일은 지구의 자전이 결정하는데 해와 달과 별이 만들어지기 전에는 하루가 지금과는 사뭇 달랐을 걸세. 신의 시간개념은 알 수가 없으니 하루를 24시간이라고 단정지을 필요는 없겠지.

예림: 과학을 무조건 배척해서는 안 된다는 말씀이죠?

신준: 마찬가지로, 70개의 종족과 언어가 갈라지기까지는 상당한 시간이 소요
되었다고 보네.

최초의 언어가 히브리어라는 가설이 아주 허무맹랑한 이야기는
아닐 듯싶다. 문자가 있기 전에라도 말은 존재할 수 있으니 말이다
(최초의 문자가 히브리어는 아니었다!) 우리도 문자가 있기 전에는 중
국의 문자를 차용했지만 그렇다고 중국어로 의사를 소통한 것은 아
니었다. 알다시피, 고유한 글자체계는 훈민정음 창제 이후에 정립되
었다.

입술과 언어는 같은 개념인가?

본문을 심도있게 파헤칠 차례다. 전후 단락을 살펴보면 '말'과 관
계된 단어가 크게 셋이 등장하는데 배경지식 차원에서 이를 밝히고
논리를 전개하는 것이 수순일 듯싶다.

라숀: 혀/언어[43)

싸파: 입술/말/구멍[44)

다바르: 말/사물/일[45)

10장에서 셈과 함 및 야벳의 후손이 70개로 갈라질 때 '언어'에
해당하는 단어는 "라숀"이고, 싸파와 다바르는 둘 다 "말"을 뜻하며

창세기의 미스터리

구별하기가 쉽진 않다. 다만, 다바르에는 사물이나 일thing이라는 뜻으로 해석되는 경우도 있으므로 문맥적으로 타당하다면 11장 1절의 "다바르"를 굳이 '말'이나 '언어'로 못 박을 필요는 없다. 특히 "다바르"는 하나님이 내뱉은 말씀은 눈에 보이는 사물이 된다는 점에서 신학적인 관념이 배어있다고도 볼 수 있다. 다음은 11장 1절을 글자대로 옮긴 것이다.

> "온 땅의 입술이 하나요. 말(혹은 일)이 하나였더라(창 11:1)."

우스갯소리로, "바벨(혼란이 왔다)"은 개역한글판과 개역개정판을 옮긴 성경번역가에게도 남 이야기가 아니었다(번역가를 폄하하려는 의도는 없으니 오해가 없기를 바란다. 성경을 완벽히 번역한다는 것은 불가능하다). "싸파(입술)"와 "다바르(말/일)"가 서로 뒤섞여 혼란을 일으킨 흔적이 보이기 때문이다.

> "온 땅의 구음이 하나이요. 언어(복수형)가 하나(복수형)이었더라."
>
> (개역한글)
>
> "온 땅의 언어가 하나요. 말이 하나였더라."　　　　(개역개정)

보다시피, 개역한글에서는 싸파(입술)가 "구음"으로, 다바르(말/일)가 "언어"로 번역되었지만 개정판에서는 싸파와 다바르가 각각 "언어"와 "말"로 바뀌었다. 역자는 싸파와 다바르를 '말'이나 '언어'와 관계된 것으로 풀이하려 했지만 무엇이 '언어'이고 무엇이 '말'인지 딱히 구분점을 찾지 못해 혼란에 빠지고 만 것이다.

그렇다면 앞서 '언어'라고 했다가 '말'로 고친 까닭은 무엇일까? 추측컨대, 원전을 보면 개역한글판에서의 "언어"는 다바르의 복수형인 '드바림'을 썼고 "하나였다"는 말 또한 복수형(아하딤)을 썼기 때문이 아닐까 싶다. 언어가 복수형인데 "하나"라고 하니 논리가 틀리다는 생각에 이를 '말'로 고치고 "구음"을 '언어'로 고친 것이라 조심스레 짐작해본다.

11장에는 언어가 여러 차례 나오지만 10장에서 언어로 번역된 '혀(라숀)'는 전혀 보이질 않는다. 그러면 11장에 나온 언어는 어떤 단어를 옮긴 것인지 살펴보자.

11:01 온 땅의 언어가 하나요, 말이 하나였더라.

11:06 여호와께서 이르시되 이 무리가 한 족속이요 언어도 하나이므로 이같이 시작하였으니 이후로는 그 하고자 하는 일을 막을 수 없으리로다.

11:07 자, 우리가 내려가서 거기서 그들의 언어를 혼잡하게 하여 그들이 서로 알아듣지 못하게 하자 하시고

11:09 그러므로 그 이름을 바벨이라 하니 이는 여호와께서 거기서 온 땅의 언어를 혼잡하게 하셨음이니라. 여호와께서 거기서 그들을 온 지면에 흩으셨더라.

1절에서 9절까지 언어는 네 번 등장하지만 실은 다섯 번이라야 옳다. 7절에 같은 단어가 두 번 나오는데 중복을 피하려고 일부러 하나

만 옮겨서 그런 것이다. 1절과 6, 7, 9절에 "언어"라고 옮긴 단어는 모두 '싸파'이고 뜻은 '입술'이다.[46] 한편 "말"은 '다바르'의 복수형인 '드바림'이며 일반적으로 '언어'라 옮기는 '라숀'은(10장) 없다.

"싸파"와 "라숀"을 같은 개념인 "언어"로 보면 되지 않느냐는 반론을 제기할지도 모르나 『에스겔』을 읽어보면 이 같은 반문은 여지없이 꼬리를 내리게 될 것이다.

"너를 말(입술)이 난해하거나 언어(라숀)가 무거운 백성에게 보내는 것이 아니요(겔 3:5)."

위 구절은 싸파와 라숀의 개념이 서로 다르다는 점을 분명히 밝히고 있다. 따라서 본문은 통념과는 다른 접근법을 구사해야 좀더 정확한 의미를 추적할 수 있을 것이다.

바벨탑 사건의 전말

"온 땅의 입술이 하나요. 말(혹은 일/드바림)이 하나(들)였더라."

당시 사람들은 무슨 말을 하고 무슨 일에 생각을 같이 했을까? 필자는 드바림을 "말"이 아니라 "일"로 옮길 수 있다고 본다.[47] 추측컨대, "흩어짐을 면하자"는 말을 하고 '하나님의 뜻을 거스르는 일'에 하나가 된 것은 아니었을까?

홍수가 그친 후, 정착 생활을 하던 노아의 후손은 어떤 이유에서인지는 모르지만 동방에서 이동하다가 시날 평지에 이르게 된다. 정확한 수효는 알 수 없지만 니므롯과 에벨이 현장에 있었던 것으로 추정된다.

그들은 제 이름을 내고 더는 흩어지지 않을 요량으로 도시와 탑을 건설하기 시작했다. 이때 하나님이 내려오셔서 이를 보시고는 "이 민족이 똘똘 뭉쳐 내 말을 거역하는 데(생육하고 번성하며 땅에 충만하라) 입(술)을 (하나로) 맞추었구나! 다음에는 어떤 짓을 저지를지 모르니 빨리 손을 봐줘야지!"라며 한탄하시고는 말을 혼란케 하셨다고 기자는 말한다. 그렇다면 말(입술)은 어떻게 혼란케 했다는 뜻일까?

명백한 사실은 말은 했지만 상대방이 이를 알아듣지 못했다는 것이다. 건설이 불가할 정도로 커뮤니케이션이 단절되자 결국 그들은 사방으로 흩어졌다고 한다. 딱히 감은 잘 안 잡혀도 기적이 일어난 것만은 분명한 사실이다.

"말을 혼잡케 했다(발랄)(11:7)"에 쓰인 단어를 추적해보면 어느 정도는 단서를 찾을 수 있지 않을까 싶다. "발랄"이 자주 쓰인 『민수기』에서 개념을 짚어보자.

"이 두 그릇에는 소제물로 기름 섞은 고운 가루를 채웠고(민 7:25)"
"both of them full of fine flour mixed with oil for a grain offering(NASB)"

위 구절을 비롯한 유사 본문(민수기 7장)에서는 "발랄"이 "섞다

창세기의 미스터리

mix"의 의미로 쓰였으므로 —"발랄"은 7장에서만 최소 12번 나온다 — 이를 근거로 '말(speech)을 섞었다'는 뜻을 생각해보자. 예컨대, "너 밥 먹었어?"를 뒤섞으면 어떻게 될까?

"너 밥 먹었어?" ⇨ "어 었 먹 밥 너?" 혹은 "밥 었 어 먹 너?"

이런 식으로 뒤섞인 까닭에 상대방이 말을 못 알아들었을 가능성도 있고, "입술"을 '의견'이나 '사상'으로 본다면[48] 하나님께서 사상과 의견을 혼잡케 하자, 각자의 의견이 충돌하면서 도시 건설이 중단되었을 개연성도 배제할 수는 없을 것이다.

공감할는지는 모르겠지만, 바벨탑 사건은 이 같은 추론으로 재해석해볼 수 있다. 필자가 바벨탑 사건을 재조명한 또 다른 까닭은 역사적 기록의 진실을 파헤치는 것도 중요하지만 번역이 인간의 이념과 사상을 지배한다는 점을 보여주고 싶었기 때문이기도 하다.

앞선 논리가 예부터 이어왔다면 바벨탑의 '뉘앙스'는 크게 달라졌을 것이다. 지금껏 영화나 문학, 혹은 언론매체에 등장하는 '바벨탑'은 천편일률적으로 '언어의 혼란에서 비롯된 고충'을 가리켜왔다. 예컨대, 브레드 피트Bred Pitt가 주연한 「바벨Babel」에는 포스터에 비친 주인공의 망연자실한 표정만 보더라도 언어가 달라 고생깨나 한다는 인상이 강하게 묻어난다. 십중팔구는 이에 동감하겠지만 애당초 바벨탑 사건을 위와 같이 이해했다면 그 뉘앙스는 어떻게 달라졌겠는가? 바벨탑이 '내분'의 대명사가 되진 않았을까?

하나님이 한탄하고 근심하신다?

"여호와께서 호렙 산 불길 중에서 너희에게 말씀하시던 날에 너희가 어떤 형상도 보지 못하였은즉 너희는 깊이 삼가라. 그리하여 스스로 부패하여 자기를 위해 어떤 형상대로든지 우상을 새겨 만들지 말라 남자의 형상이든지, 여자의 형상이든지 …… (신 4:15~16)"

하나님이 시내산에서 들려주신 열 마디 말씀(십계명) 중에는 주님을 피조물의 형상으로 만들지 말라는 가르침이 있다. 이를테면, 개신교가 믿는다고 고백하는 성삼위일체를 이해시킨답시고 하나님을 '세잎클로버'에 비유하는 것은 금물이라는 이야기다. 눈에 보이는 형상으로써 하나님을 설명하려 했기 때문인데, 적용 범위를 좀더 확장해보면 하나님의 품성을 눈에 보이는 인간의 성정에 빗대어도 곤란

하다는 결론이 나온다.

여기에 딜레마가 있다. 피조물의 형상과 사람의 인성을 끌어다 쓰지 않으면 하나님의 임재와 성품은 언어로 표현할 길이 없어 자칫 뜬구름 같은 존재로 전락할 수 있다는 딜레마 말이다. 그래서인지 성경에는 하나님을 사람의 신체에 빗댄 구절이 더러 있다(사람으로 나타나기도 하셨단다). 하지만 주님은 신묘막측하신 분인지라 사람의 성정에 제한될 수 있는 대상은 아닐 것이다. 인간에 빗댄 것은 언어로 묘사할 수 없는 하나님이지만 참으로 존재한다는 사실은 가르쳐야겠기에 그래도 조금이나마 흡사한 어휘를 절충한 결과라 짐작된다.

> "여호와께서 사람의 죄악이 세상에 가득함과 그의 마음으로 생각하는 모든 계획이 항상 악할 뿐임을 보시고, 땅 위에 사람 지으셨음을 한탄하사(나함) 마음에 근심하시고(아짜브), …… 이는 내가 그것들을 지었음을 한탄함(나함)이니라 하시니라(창 6:5~7)"

> "하나님은 사람이 아니시니 거짓말을 하지 않으시고 인생이 아니시니 후회(나함)가 없으시도다(민 23:19)"

본문을 읽으며 하나님이 정말 사람처럼 한탄하고 근심했다고 단정한다면 심각한 오류를 범하고 있는지도 모른다. 하나님과 사람의 성품이 같을 리 있겠는가? 어찌 보면 애당초 거론 자체가 불가능한 문제를 애써 거론하려는 것이 아닌가하는 의구심도 든다. 더욱이 6장 6절에는 하나님이 사람을 지었다는 것을 후회했다는 뉘앙스가 다분한데 이는 아래 『민수기』의 내용과도 대립한다.

하나님이 후회할 일을 하셨다는 것은 어떻게 이해해야 할까? 우선 본문의 의미를 좌우하는 핵심은 "한탄하다(히, 나함)"와 "근심하다(히, 아짜브)"로, "한탄하다"는 『민수기』의 "후회하다"와 단어가 같다(나함으로 일치한다).

랍비 예사: "나함"은 '후회'가 맞습니다. 즉, 하나님은 죄인도 자신이 지은 피조물이었기 때문에 그 앞에서 죄를 범한 그들을 보자 슬퍼하신 것이죠.

이븐 에즈라: 하나님이 '후회하셨다'는 것은 이해하기가 매우 난해한 대목입니다. 창조주에게 후회란 어울리지 않으니까요. 하지만 성경은 인간의 언어로 기록되었기 때문에 그렇게 이야기한 것뿐입니다. 또한 "근심하셨다" 역시 인간의 언어로 하나님의 성품을 대용한 것인데 이는 [시 104:31]의[49] "즐거움"과 상반된다고 볼 수 있습니다.

스포르노: 하나님은 슬퍼하셨을 겁니다. 죄인이 죽는 것보다는 회개하기를 바라셨기 때문입니다.

랍비 여후다: 저도 그렇게 생각합니다. 공의의 심판은 항상 안타까울 따름이니까요. 이를테면, 출애굽 당시 홍해에 수장되는 이집트 군사를 보고 천사가 하나님 앞에서 찬송할 때를 되짚어보십시오. 하나님께서는 "내 손으로 지은 피조물이 익사하고 있는데 어찌 찬송을 할

창세기의 미스터리

수 있느냐?"라고 반문하지 않으셨습니까(조하르)?

랍비 이츠학: 하나님이 미래를 빤히 아신다고 해서 '주님의 슬픔'을 유대인의 믿음과 대립된 것으로 치부해서는 안 됩니다. 가령, 땔감을 쓰기 위해 묘목을 심는 사람이 있다고 칩시다. 언젠가는 잘라낼 것을 알지만 그래도 주인은 나무를 정성들여 보호하고 가꿀 겁니다. 그런데 어느덧 오랜 수고 끝에 잘 자라준 나무를 잘라야 할 때가 왔습니다. 심정이 어떨까요? 기분이 좋을까요? 앞날을 훤히 내다본다고 해서 아쉬운 일이 없으리라는 주장은 어불성설입니다. 그래서 하나님이 "슬퍼하셨다"며 우리 언어로 기록한 것입니다.

랍비 문헌은 인간의 언어가 가진 한계를 인정하면서도 본문의 교훈을 곱씹어보려는 노력과 땀이 역력히 배어있다. 물론 "슬픔"이나 "안타까움"만으로는 성경에 나타난 하나님의 성정을 100퍼센트 이해할 수는 없겠지만 언어를 매개로 삼아야만 하염없는 바닷물에서 건져 올린 미미한 물방울정도라도 하나님의 자비와 은혜를 체감할 수 있지 않을까 싶다.

본문(6:5~7)의 주어는 "여호와"다. 1장에서 살펴본 바와 같이, 여호와(하쉐임)는 자비와 은혜의 속성을 일컫는 고유명사이므로 위 구절은 두 가지 해석이 가능해진다.

1. 자비하신 여호와께서 심판을 결심할 정도로 사람들은 극악무도한 죄를 저질렀다.

2. 아무리 극악무도한 죄를 저질렀더라도 여호와는 심판이 아니라 은혜의 마음으로 심판하신다.

자비하신 하나님도 견딜 수 없을 정도로 백성이 극악무도한 죄를 저질렀든 그렇지 않든, 이때 하나님이 느끼는 감정이란 무엇일까? 자녀가 그릇된 길로 빠지고 범죄의 소굴에서 벗어날 기미가 보이지 않는다면 자녀를 만든 부모의 심정은 어떨까? 인간의 성정에 빗대자면 바로 그런 감정이 아니었을까? 은혜와 자비의 부모라면 애타는 심정으로 가슴을 칠 것이다.

창세기의 미스터리

깨알 미스터리:
방주의 출입

"너[노아]는 네 아들들과 네 아내와 네 며느리들과 함께 그 방주로 들어가고(창 6:18)"

"노아는 아들들과 아내와 며느리들과 함께 홍수를 피하여 방주에 들어갔고(창 7:7)"

"너[노아]는 네 아내와 네 아들들과 네 며느리들과 함께 방주에서 나오고(창 8:16)"

"노아가 그 아들들과 그의 아내와 그 며느리들과 함께 나왔고(창 8:18)"

위 인용문은 하나님께서 노아에게 방주에 들어가라고 말씀하신 이후, 홍수가 그치고 난 뒤 뭍에 이른 노아가 가족을 이끌고 방주를 나오는 구절을 넷으로 정리한 것이다. 첫 번째와 세 번째는 하나님의 말씀이고, 나머지는 기자의 글이다. 그런데 이를 잘 읽어보면 특이한 점이 눈에 띈다. 하나님이 지정하신 출입의 순서가 다르다는 것이다!

들어갈 때: 노아(남) ⇨ 네 아들(남) ⇨ 네 아내(여) ⇨ 며느리(여)

나올 때: 노아(남) ⇨ 네 아내(여) ⇨ 네 아들(남) ⇨ 네 며느리(여)

탈무드에 따르면,[50] 노아가 방주에 들어갔을 때는 동침이 금지되었으나 나와서는 허락되었다고 한다. 동물도 그랬을 거라는 점은 쉽게 추측할 수 있다. 동물이 교미로 '번성'했다면 방주 안이 어떻게 되었겠는가? 사람도 마찬가지였으리라.

즉, 방주 안은 생육하고 번성하는 곳이 아니라 생명을 보전하는 장소였던 것이다. 그런데 흥미로운 사실은 노아가 하나님의 말씀을 듣지 않았다는 것이다. 그는 들어갈 때와 나올 때의 순서가 같았다(창 8:18). 즉, 처음에는 순종했다가 1년여 세월이 흐르자 변심했는지 자신의 소견으로 '아들'과 '아내'와 '며느리'를 이끌고 방주를 나왔다고 한다.

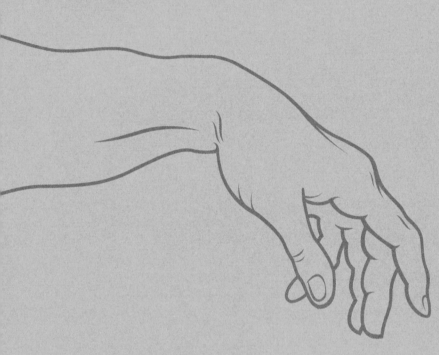

분명 그는 사람의 모습을 하고 있었을 것이다.

천사의 모습이었다면 비행이 가능할 테니 '게임'이 되지 않았으리라.

그런 데다 무슨 억하심정에 그를 넘어뜨리려 한단 말인가?

기자와 야곱은 씨름을 해야 하는 당위성이나 경위를 전혀 밝히지 않고 있다.

이때 상대는 야곱을 이기지 못할 것 같아

그의 허벅지 관절을 쳐 어긋나게 한다.

이름 모를 작자가 비겁한 수작을 부린 것이다.

하지만 천사가 사람 하나를 이기지 못한다는 것은

상식적으로도 이해할 수가 없는 대목이다.

천사인가,
하나님인가?

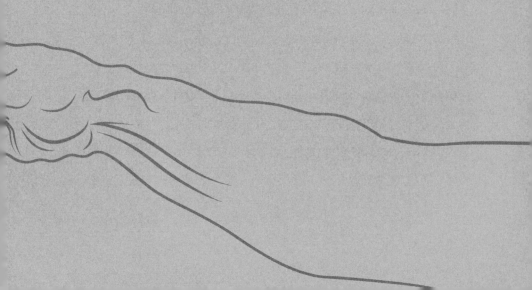

천사인가,
하나님인가?

설교를 듣거나 성경을 배울 때는 그러려니 하며 대수롭지 않게 지나친 이야기라도 나중에는 의혹이 꼬리에 꼬리를 무는 경우가 더러 있다. 5장에서 거론하고픈 주제가 바로 그렇지 않나 싶다. 회중이 적잖은 의문을 제기할 수 있는 진리라면 교역자도 이를 가르치는 것을 재고했을 법하지만, 현장에서 "그건 왜 그렇냐?"고 반문하는 성도(혹은 학생)는 거의 없으니 어쩌면 부담도 줄었을지 모르겠다.

이 장에서는 하나님(혹은 천사)과 사람의 소통을 다룰까 한다. 영적인 존재가 육신을 입은 사람을 만났을 때 벌어지는 해프닝을 곱씹어볼 것이다. 교파와 교리가 숱하게 갈라진 한국에서는 다소 민감한 주제일 수도 있지만, 책에 걸맞은 '미스터리'의 절정을 이루고 있는지라 이를 간과하면 완성도가 부실해질 수도 있어 가장 먼저 목차에 기록해두었다.

미스터리 #1

마므레의 상수리나무가 있는 곳에 여호와(하쉐임)께서 아브라함에게 나타나셨다. 날이 뜨거운 날 아브라함은 장막 문에 앉아 있다가 사람 셋이 맞은편에 서있는 것을 발견하게 된다. 앞서 언급했듯이, 여호와란 하나님의 고유한 이름으로 "엘로힘(공의, 심판)"과는 달리 "은혜와 자비"의 속성을 지닌 하나님을 일컫는다(유대인은 이를 "구별된 이름"이라 하여 하쉐임이라고 읽는다).

하나님께서 친히 그에게 모습을 드러내셨다는 점에서 본문은 영적인 존재와 육신적인 존재가 조우한 대목이기도 하다. 그런데 본문은 왠지 석연치도 않고 답답키도 하고 영 개운치가 않다. 스토리가 좀 생뚱맞은 데다 아브라함과 세 사람의 행동에 대한 개연성과 당위성을 찾기가 어렵기 때문이다.

예컨대, 아브라함은 그들을 보자 달려 나가며 몸을 땅에 굽혔다고 한다(절을 했다는 것으로 보인다). 그러고는 "내 주여, 주께 은혜를 입었사오면 원컨대, 종을 떠나지 마시옵고 물을 조금 가져오게 하사 당신들의 발을 씻으시고 나무 아래에서 쉬십시오. 제가 주전부리를 좀 가져오겠으니 마음껏 즐기시다가 가십시오. 당신들이 종에게 오셨습니다."라고 이야기한다(창 18:1~5).

그는 세 사람을 맞이했다. 일면식도 없는 나그네를 초대한 것이다.

손님을 대접한 아브라함을 암시하는 구절(히 13:2)을 감안한다면(손님 대접하기를 잊지 말라. 이로써 부지중에 천사를 대접한 이들이 있었느니라.) 그는 객이 천사라는 사실을 알지 못했을 공산이 크다.

그럼에도 아브라함은 과도하게 친절한 데다 "주"와 "종"이라는 칭호까지 쓰고 있다. 누군지도 모르는데 자신을 종으로 낮추니 독자는 어리둥절해질 수밖에 없다(아니, 언제 봤다고 넙죽 절까지 한단 말인가?). 그러자 나그네는 "네 말대로 그리하라"고 대답했다고 한다. 역시 심상치가 않은 반응이다(너무 거만한 것이 아닌가?).

어찌 보면, 본문은 아브라함이 하나님을 의식하지 않았을까 하는 인상을 주기도 한다. 그런데 혹시라도 아브라함이 그들의 정체를 알았다면 "주"와 "종"이라는 호칭을 쓰고 절을 했다는 점은 수긍할 수 있지만 "떡을 대접하겠다"는 점을 감안해볼 때 그는 세 사람이 신적인 존재라고는 생각지 않은 듯싶다. 사실을 눈치챘다면 이삭을 바쳤을 때처럼 동물을 각을 떠 번제를 드렸을 테니 말이다.

"그들이 아브라함에게 이르되 '네 아내 사라가 어디 있느냐?' 대답하되 '장막에 있나이다.' 그가 이르시되 '내년 이맘때 내가 반드시 네게로 돌아오리니 네 아내 사라에게 아들이 있으리라' 하시니 사라가 그 뒤 장막 문에서 들었더라. …… 사라가 속으로 웃고 이르되 '내가 노쇠하였고 내 주인도 늙었으니 내게 무슨 즐거움이 있으리요.' 여호와께서 아브라함에게 이르시되 '사라가 왜 웃으며 이르기를 내가 늙었거늘 어떻게 아들을 낳으리요 하느냐? 여호와께 능하지 못한 일이 있겠느냐, 기한이 이를 때에 내가 네게로 돌아오리니 사라에게 아들이 있으리라.' 사라가 두려워서 부인하여 이르되 '내가 웃지 아니하였나이다.' 이르시되 '아니라 네가 웃었느니라(창 18:9~15).'"

아브라함은 왜 그리 눈치가 없는가?

이때 하나님과 두 천사가 묻는다.

"네 아내 사라가 어디 있느냐?"
"장막에 있습니다."

그는 이렇게 대꾸하지만 사실, 장막에 있다는 것보다는 "아내의 이름이 사라라는 것을 어떻게 아셨습니까?"라고 물어야 정황상 더 어울리지 않을까? 하지만 아브라함은 여전히 상황을 파악하지 못하고 있다.

게다가 이번에는 주어가 3인칭 대명사(그들, 그)에서 '여호와'로 바뀌지만 아브라함과 사라는 여전히 나그네와 이야기한다. 마침내 하나님은 "여호와께 능하지 못한 일이 있겠느냐, 기한이 이를 때에 내가 네게로 돌아오리니 사라에게 아들이 있을 것이다."라며 자신의 정체(여호와)를 밝히지만 아브라함에게서 하나님을 의식하고 있다는 뉘앙스는 찾아보기가 어렵다.

그럼 사라는 어떤가? 아들이 있으리라는 말에 속으로 웃던 그녀는 이를 들키자 두려워한다(이때는 사라가 하나님의 존재를 의식했다는 인상을 준다). 역시 상식과는 거리가 있어 보인다.

"사라에게 아들이 있을 것이다."

'(웃으며) 꼬부랑 할머니, 할아버지가 뭔 자식을 ……'

"사라가 왜 웃느냐?"

"(사라, 그들에게 모습을 보이며) 아니, 그걸 어떻게 아셨어요? 오, 대단하시다."

"여호와께 능치 못한 일이 있겠느냐!"

"(의아해 하며) 하나님이 약속하신 건 또 어떻게 알았수?"

미스터리 #2

"어떤 사람이 날이 새도록 야곱과 씨름하다가 자기가 야곱을 이기지 못함을 보고 그가 야곱의 허벅지 관절을 치매 야곱의 허벅지 관절이 그 사람과 씨름할 때에 어긋났더라. 그가 이르되 날이 새려하니 나로 가게 하라 야곱이 이르되 당신이 내게 축복하지 아니하면 가게 하지 아니하겠나이다. 그 사람이 그에게 이르되 네 이름이 무엇이냐? 그가 이르되 야곱이니이다. 그가 이르되 네 이름을 다시는 야곱이라 부를 것이 아니요, 이스라엘이라 부를 것이니 이는 네가 하나님과 및 사람들과 겨루어 이겼음이니라. 야곱이 청하여 이르되 당신의 이름을 알려주소서. 그 사람이 이르되 어찌하여 내 이름을 묻느냐? 하고 거기서 야곱에게 축복한지라. 그러므로 야곱이 그곳 이름을 브니엘이라 하였으니, 그가 이르기를

창세기의 미스터리

내가 하나님과 대면하여 보았으나 내 생명이 보전되었다 함이더라(창 32:24~30)."

형과의 만남을 앞둔 야곱의 두려움은 가실 기미가 보이질 않았다. 그는 두 아내와 여종 및 열한 아들을 데리고 가서 얍복 나루를 건너게 한 후 강가에 홀로 남았다.

성경은 이 와중에 뜬금없이 어떤 사람(히, 이쉬)이 야곱과 씨름을 벌였다고 한다. 아브라함의 기사에 비해 이 사건은 매우 급박하게 전개되는 듯싶다.

(어떤 사람이 야곱의 어깨를 잡아 넘어뜨리려 한다)
"다짜고짜 나한테 왜 이러는 거요?"
"잔말 말고 붙어!"
"당신, 도대체 뭐하는 사람이요!"

분명 그는 사람의 모습을 하고 있었을 것이다. 천사의 모습이었다면 비행이 가능할 테니 '게임'이 되지 않았으리라. 그런 데다 무슨 억하심정에 그를 넘어뜨리려 한단 말인가?[51] 기자와 야곱은 씨름을 해야 하는 당위성이나 경위를 전혀 밝히지 않고 있다.

이때 상대는 야곱을 이기지 못할 것 같아 그의 허벅지 관절을 쳐 어긋나게 한다. 이름 모를 작자가 비겁한 수작을 부린 것이다(딱히 룰을 알 수도 없거니와, 심판이 있는 것도 아니고, 그렇다고 승패를 좌우하는 심사기준이 뭔지도 잘 모르겠다!). 하지만 천사가 사람 하나를 이기지 못한다는 것은 상식적으로도 이해할 수가 없는 대목이다. 비록 천상의 존재이긴 하나 사람처럼 육신을 입었다는 점을 역설하려는 하나님의 의도가 있었다면 또 모를까.

몇 시간이 흘렀을까 ……. 마침 동이 틀 조짐이 보인다. "날이 새려하니 날 보내주시오!" 천사가 씨름을 포기한다. 점입가경이다. 천사의 당부는 그가 사람인지, 사람이 아닌지도 분간하기 어렵게 한다. 사람이든, 천사든 날이 새는 것과 자리를 떠야 한다는 것이 별로 상관은 없는 듯싶기 때문이다. 물론 교대 근무시간이 왔다거나, 일터에 가야 한다거나, 장가를 가야한다거나, 소를 사야 한다는 등, 뭔가 사연이 있을지는 모르나 천사다운 발언은 아닌 것 같다.[52]

야곱: 내게 축복하지 않으면 보내지 않겠소!

천사: 이름이 무엇이요?

야곱: 야곱이오.

천사: 야곱 말고 앞으로는 "이스라엘"이라고 하시오.

뜬금없이 뭔 이야기인가? 야곱은 왜 알지도 못하는 사람에게서 축복을 받으려고 하는가? 야곱은 이미 부친이 축복한 데다 에서가 받을 복도 가로챘고 하나님께서 아브라함과 이삭에게 약속했던 '생육과 번성 및 땅'의 복(창 28:3~4)도 받지 않았던가! 그 외에 무슨 복이 더 필요하단 말인가.

그뿐 아니라 천사가 이름을 묻는 것도 이상하다. 천사가 야곱의 이름을 모를까?[53] 당연히 알고 있을 것이다(반면, 아브라함에게 나타난 천사는 아브라함과 사라를 애당초 알고 있었다는 인상을 주기도 했다). 어찌 보면, 본문은 구구절절 이해하기가 어렵다고 봐도 과언이 아닐지도 모르겠다.

야곱이 이름을 밝히자 그는 야곱의 이름을 "이스라엘"로 바꾸어주었다. 축복도 그렇지만, 이름까지 바꾸어준다는 것은 왠지 하나님(혹은 예수님)이나 부모가 아니고는 딱히 "매치"가 되지 않는 역할이 아닐까?

결국 야곱을 보면 사람과 씨름하면서도 왠지 하나님과 대면하고 있는 듯한 느낌을 떨쳐버릴 수가 없다. 천사는 "네가 하나님과 사람들과 겨루어 이겼다"고 인정했다. 하나님과 겨루어 이겼다는 점으로 미루어, 그는 야곱이 사람이나 천사가 아니라 하나님과 씨름했다는 사실을 일러준 셈이다.

야곱: 당신의 이름은 무엇이요?
사람: 그건 왜 묻소?

야곱이 궁금했던 것이 하나님의 이름이었는지, 사람의 이름이었는지 구분할 수는 없지만 어쨌든 사람은 이를 밝히지 않은 채 그를 축복하고, 야곱은 "내가 하나님과 대면했으나 생명이 보전되었다"는 뜻에서 그곳 이름을 "브니엘"이라 불렀다.

야곱이 하나님을 거론한 까닭도 궁금증을 증폭시킨다. 야곱은 사람이 하나님이었다는 점을 의식하고 있었을까? 당시 그는 사람과 씨름하면서도 때로는 하나님과 대면하는 듯한 인상을 주기도 했다(하나님을 대면했다는 사실을 알았다면 벧엘에서 사닥다리를 오르내리던 천사를 보았을 때처럼 두려운 마음에 넙죽 엎드렸을 공산이 크다). 그렇다면 그곳을 "브니엘"이라고 정한 까닭은 무엇일까?

본문은 생각할수록 심오할 메시지를 전달하는 듯하지만 가슴에 와 닿기에는 너무 난해한 기사가 아닌가싶다.

미스터리 #3

> "여호수아가 여리고에 가까이 이르렀을 때에 눈을 들어 본즉 한 사람이 칼을 빼어 손에 들고 마주 서 있는지라. 여호수아가 나아가서 그에게 묻되 너는 우리를 위하느냐? 우리의 적들을 위하느냐? 하니, 그가 이르되 아니라. 나는 여호와의 군대 대장으로 지금 왔느니라. 하는지라. 여호수아가 얼굴을 땅에 대고 엎드려 절하고 그에게 이르되 내 주여 종에게 무슨 말씀을 하려 하시나이까? 여호와의 군대 대장이 여호수아에게 이르되 네 발에서 신을 벗으라 네가 선 곳은 거룩하니라 하니, 여호수아가 그대로 행하니라(여호수아 5:13~15)."

여호수아는 칼을 빼어든 어떤 '사람'과 마주쳤다. "넌 아군이냐, 적군이냐?" 여호수아가 묻자 "나는 여호와의 군대 대장이며, 지금 왔다"고 그가 대꾸한다. 아군이냐고 물은 것은 상대방이 신적인 존재가 아니라 사람이라는 것을 인지했다는 뜻일 터이나, "여호와의 군대 대장"이라는 말에 그는 돌연 얼굴을 땅에 대고 엎드려 절했다고 성경은 증언한다.

여호와의 군대 대장이란 천사를 가리키겠지만(미가엘일 것 같다) 사실, 사람이 천사에게 엎드려 절을 해야 하는 이유는 없다.[54] 게다가 "주(아도나이)"는 하나님을 부를 때 쓰는 호칭이 아닌가? 육신의 안목으로 보자면, 여호수아는 어떤 사람 앞에 엎드렸지만 마치 하나님을 대면하는 듯한 자세를 취하고 있다.

또한 "네 발에서 신을 벗으라"는 떨기나무 불꽃 가운데서 하나님이 모세에게 하신 말씀인데 『출애굽기』를 보면 여호와의 사자가 먼저 등장하고(출 3:2)[55] 난 뒤에 하나님이 모세에게 친히 말씀하신다는 식으로 기록되어 있다. 즉, 패턴이 같다는 이야기다.

> "나는 네 조상의 하나님, 즉 아브라함과 이삭과 야곱의 하나님이라 하신대 모세가 무서워 감히 바라보지 못하더라. 주께서 이르시되 네 발의 신을 벗으라. 네가 서 있는 곳은 거룩한 땅이니라(행 7:32~33)."

아브라함과 사라는 "네 말대로 그리 하라," "네 아내 사라는 어디 있느냐?" "여호와께 능하지 못한 일이 있느냐?" 등, 나그네가 하나님이라는 단서를 듣고도 이를 눈치채지 못한 듯싶지만, 행동은 왠지 하나님을 대면하는 것 같고, 여호수아도 군대 대장이 하나님이라는 사실을 시인하진 않지만 그분을 대하는 듯 얼굴을 땅에 대고 절한다. 그냥 보통 사람인데도 말이다.

끝으로, 삼손의 탄생을 기록한 『사사기』를 보면 그런 양상이 더 분명히 드러난다.

본문(사사기 13:2~24) 기자는 소라 땅에 사는 마노아를 소개하며 운을 뗀다. 아내가 불임인 까닭에 아이가 없었는데, '여호와의 사자' 가 그 여인에게 찾아와 아들을 낳을 거라며 좋은 소식을 들려준다. "너는 포도주와 독주를 마시지 말고, 부정한 음식도 먹지 말라. 장차 아들을 낳을 것인데 그에게는 삭도를 대서는 안 된다. 아이는 태에서 나올 때부터 나실인이 되었기 때문이다. 그가 블레셋 사람의 손에서 이스라엘을 구원할 것이다."

그녀는 남편에게 자초지종을 털어놓았다.

> "하나님의 사람이 내게 오셨는데 그의 모습이 하나님의 사자의 용모 같아서 아주 무섭더라구요."

하나님의 사자는 천사를 가리키겠지만 아내는 그를 "하나님의 사람"으로 보았다고 한다. 그러니까 이번에도 천사는 인간의 모습을 하고 있었다는 이야기다. '하나님의 사람'은 구약에서 선지자를 가리킬 때 흔히 쓰는 표현이다.

> "드디어 갈멜 산으로 가서 하나님의 사람에게로 나아가니라. 하나님의 사람이 멀리서 그를 보고(열왕기하 4:25)"

그가 "하나님의 사자처럼 두려웠다"고 하니 용모가 좀 우락부락했

거나 무서웠던 모양이다.[56] 마노아가 하나님께 기도하자 내외를 다시 찾은 천사는 나실인 규정을 재차 언급한다. 이때 마노아가 염소를 잡아 대접하려 하자 이를 거절하는 천사에 대해 기자는 "그가 여호와의 사자라는 것을 마노아는 몰랐다"고 밝힌다. 마노아 역시 그를 선지자쯤으로 생각했을 것이다.

여호와의 사자는 누구인가?

마노아가 천사의 이름을 묻자 그는 "기묘자"라고 대답한다. 야곱의 경우와는 달리, 천사는 자신의 이름을 밝히는데, 알다시피 기묘자는 하나님을 지칭하는 이름이다!

> "이는 한 아기가 우리에게 났고 한 아들을 우리에게 주신 바 되었는데 그의 어깨에는 정사를 메었고 그의 이름은 기묘자라, 모사라, 전능하신 하나님이라(이사야 9:6)."

결국 성경은 마노아가 염소새끼와 소제물을 번제로 드리자 불꽃이 올라가는 동시에 여호와의 사자도 그 가운데 휩싸여 올라간다고 이야기한다. 기적이 일어난 것이다. 그제야 두 부부는 눈이 열려 그가 여호와의 사자라는 사실을 깨닫게 되었지만 "하나님을 보았다"는 대목은 여전히 석연치 않다. 언제 하나님을 보았다는 것일까?
하나님의 사자인 줄 알았다면서도 "하나님을 보았다"고 하는 글은 어떻게 이해해야 할까? "천사를 보았다"고 해야 옳지 않을까?

미지와의 조우

　앞서 열거한 미스터리에는 자잘한 차이점과 굵직한 공통점이 있다. 패턴도 일정한 편이라 왠지 심원한 의미를 발견할 수 있지 않을까 하는 기대감도 든다. 그러기가 쉽진 않겠지만 말이다. 영적인 존재와 육신이 만난다는 점을 염두에 두고 공통적인 패턴을 살펴보자.

　첫째, 주인공은 낯선 사람을 만난다.
　등장인물은 일면식도 없는 사람과 마주친다. 마노아와 야곱의 일화에서 주인공이 상대의 이름을 묻는다는 점으로 미루어, 전에 알던 사람은 아닌 것이 분명하다. 그리고 먹을 것을 주려 했으므로 그는 육신을 입은 사람을 만났다고 봐야 한다(창세기 18장에서는 나그네가 음식을 먹었다고 했다).

　둘째, 주인공의 반응이 논리에 어긋난다.
　앞서 언급했듯이, 나그네와 군대 장관에게 넙죽 절하며 그를 "주님"이라고 부르는 아브라함과 여호수아, 복을 달라는 야곱은 사람과 대면하고 있지만 행동은 마치 하나님을 만난 듯한 인상을 주어 얼핏 보면 논리적으로 말이 되지 않는다. 상대가 "여호와"라고 정체를 밝혀도 주인공의 심정에는 아무런 변화가 없다는 점도 놀랍고 기묘할 따름이다.

셋째, 상대방의 정체가 모호하다.

우선 사람(혹은 하나님의 사람인데 선지자일 것으로 추정)의 모습으로 찾아왔다가 여호와의 사자도 등장했다가, 결말부에는 주인공이 하나님을 보았다며 주님의 임재를 고백한다. 천사가 사람으로 '둔갑' 했다는 것은 이해할 수 있지만 천사와 하나님이 동일시된다는 점은 설득력이 희박하다.[57] 필자는 시기는 각각 다르겠지만 주인공은 모두 하나님을 만났다고 본다. 단순히 말해 네 기사의 공통인수가 바로 "하나님"이었기 때문이다. 하나님이 개입하지 않았다면 굳이 거론될 이유가 있을까?

그럼 논리적인 '모순'은 어떻게 이해해야 할까?

우선 아브라함의 경우, 천사가 아닌 하나님이 육신의 옷을 입고 나타나셨다고 가정하면 서술상의 문제는 어느 정도 극복할 수 있다. 예컨대, 기자는 사라가 웃을 때 "나그네가 아브라함에게 일렀다"고 하지 않고 "여호와께서 아브라함에게 말했다"고 기록했는데 나그네가 곧 하나님이라면 전지적 작가시점[58]에서는 주어를 혼용해도 별 '하자'는 없을 것이다.

이제 문제는 전지적 작가시점을 전제로 아브라함과 여호수아, 마노아 및 야곱의 반응을 밝혀내는 것인데 아무래도 상황이 각각 다르니 사례별로 개연성을 제기하는 편이 나을 듯싶다.

No.1 아브라함(창 18:1~16)

가설: 아브라함은 나그네가 하나님과 천사였다는 사실을 애당초 알고 있었다.

"눈을 들어 본즉 사람 셋이 맞은편에 서 있었다."

⇨ 하나님은 영이신데 육신을 입었다는 점이 좀 이상하다고 여겼을지도 모르겠다. 하지만 아브라함은 하나님을 알아채고는 달려 나가 몸을 굽혔다. 하나님이지만 육신을 입었기에 그는 물과 떡을 가져왔고 그가 주님이었기에 사라를 알고 있다는 점이 전혀 이상하지가 않았다. 그래서 '어떻게 아셨습니까?'라고 대꾸하지 않은 것이다. 참고로, 그들이 음식을 먹었다는 구절은 송아지를 요리할 때 피어나는 연기로 제물을 흠향했다고 볼 수도 있다.[59]

가설: 사라도 하나님의 임재를 알고 있었다.

"사라가 속으로 웃고 이르되 내가 노쇠하였고, 내 주인도 늙었으니 내게 무슨 즐거움이 있으리요."

⇨ 기시감(데자뷰)이 느껴지는 구절이다. 아브라함 역시 17장에서 마음속으로 하나님께 그렇게 대꾸한 적이 있었기 때문이다. "하나님이 또 아브라함에게 이르시되 …… 내가 그에게 복을 주어 그가 네게 아들을 낳아 주게 하며 내가 그에게 복을 주어 그를 여러 민족의

어머니가 되게 하리니 민족의 여러 왕이 그에게서 나리라. 아브라함
이 엎드려 웃으며 마음속으로 이르되 백 세 된 사람이 어찌 자식을
낳을까?(창 17:15~17)"

사라는 하나님과 두 천사를 의식했기 때문에 아브라함과 흡사한
반응을 보인 것이다. 더욱이 하나님의 말을 믿지 못해 웃었기 때문에
'두려워했다'는 점도 이와 일맥상통한다.

가설: 영spiritual과 육physical이 만나면 논리적인 오류가 벌어진다.

⇨ 하나님은 인간이 이해할 수 있는 언어로 역사를 기록케 하셨지
만, 사실 인간의 언어는 표현에 한계가 있어 보이지 않는 영적인 세
계를 담아낼 수가 없다. 때문에 창조주는 영과 육의 만남에서 비롯되
는 충돌을 최소화할 요량으로 절충안을 찾아야 했고, 그 결과로 논리
적인 오류가 빚어지게 되었을지도 모른다. 즉, '영(하나님)'과 '육(아
브라함)'이 공존할 때는 언어/논리상의 문제가 벌어질 수밖에 없다는
이야기다.

성경이 하나님을 묘사할 때 손이나 얼굴 등, 인간의 신체부위를 대
용하고[60] 바벨탑 사건에서는 무소부재하신 분임에도 하나님이 "내
려간다"는 어구를 차용한 것도 그 때문이 아닐까 싶다.

No. 2 야곱(창 32:24~30)

가설: 야곱은 그 자가 하나님이라는 것을 의식하고 있었다.

"날이 새도록 야곱과 씨름하다가 ……. 야곱이 이르되 당신이 내게 축복하지 아니하면 가게 하지 아니하겠나이다. …… 그가 이르되 네 이름을 다시는 야곱이라 부를 것이 아니요 이스라엘이라 부를 것이니, 이는 네가 하나님과 및 사람들과 겨루어 이겼음이니라."

⇨ 밑도 끝도 없이 둘이 씨름판을 벌인다. 하지만 야곱 또한 상대가 하나님이라는 사실을 알고 있었으리라 짐작된다. 그래서 복을 구했고, 이름을 이스라엘로 바꾸었을 것이다. 허벅지 관절을 맞을 때는 '이제 죽었구나'하는 생각이 들었을지도 모르겠다.

가령, (경위는 알 수 없지만) 하나님이 인간과 씨름을 벌인다고 치자. 인간이 이해할 수 있는 언어로 표현해내려면 인간의 형상은 불가피할 수밖에 없다. 영과 육이 씨름하는 것을 어찌 한정된 언어로 묘사할 수 있겠는가? 물론 정말 하나님을 이기진 않았을 것이다.

"당신의 이름을 알려주소서."

⇨ "엘로힘입니까(심판과 공의의 하나님입니까)? 여호와(하쉐임)입니까(은혜와 자비의 하나님입니까)? '아도나이(나의 주님)'라고 부를까요, '엘샤다이(약속을 지키시는 하나님)'라고 할까요?"

No. 3 여호수아(여호수아 5:13~15)

가설: 처음에는 몰랐다가 신분을 들었을 때 그가 하나님이라는 사실을 알게 된다.

"여호수아가 나아가서 그에게 묻되 너는 우리를 위하느냐? 우리의 적들을 위하느냐?"

⇨ 이때만 해도 여호수아는 상대가 평범한 사람인 줄 알았다.

"나는 여호와의 군대 대장으로 지금 왔느니라 하는지라. 여호수아가 얼굴을 땅에 대고 엎드려 절하고, 내 주여 종에게 무슨 말씀을 하려 하시나이까? 여호와의 군대 대장이 여호수아에게 이르되, 네 발에서 신을 벗으라. 네가 선 곳은 거룩하니라."

⇨ 마침내 여호수아는 그가 하나님이라는 사실을 눈치챈다(물론 경위는 알 수 없다). 그래서 얼굴을 땅에 대고 엎드려 절하며 "내 주"라는 호칭을 쓴 것이다. 그러면 "신을 벗으라 …… 거룩하니라"도 전혀 이상한 대사가 아니다(『출애굽기』의 기시감을 일으킨다).

천사인 줄 알았다면 사람이 절까지 할 필요는 없다. 상대는 "여호와의 군대 대장"이라고 밝혔으나 여호수아는 그가 하나님이라고 생각했을 공산이 크다는 것이다(따지고 보면 하나님이 군대 대장이 되지 말라는 법도 없다! 군통수권자가 대통령이듯이 말이다. 그렇지 않다면, 하나님이 군대 대장의 모습으로 출현했을지도 모를 일이다).

No. 4 마노아와 부인(사사기 13:2~24)

가설: 하나님은 천사의 모습으로 나타났다.

"내 이름을 묻느냐? 내 이름은 기묘자라. …… 그가 여호와의 사자인 줄
알고 그의 아내에게 이르되 우리가 하나님을 보았으니 반드시 죽으리
로다."

➡ 앞서 언급했듯이, 천사(여호와의 사자)가[61] 하나님이었다는 결
정적인 단서는 "기묘자"와 "우리가 하나님을 보았다"는 마노아의 대
사다. 하나님이 아니라면 그가 왜 하나님을 보았다고 했겠는가? 반
면, 여호와의 사자가 지팡이 끝을 내밀어 고기와 무교병에 대자 불이
바위에서 나와 이를 살랐을 때 기드온은 그가 여호와의 천사인줄 알
았지만 "하나님을 보았다"고 하진 않았다. "주 여호와여 내가 여호
와의 사자를 대면하여 보았나이다(사사기 6:21~22)."

가설: 마노아의 아내는 (천사의 모습으로 나타난) 하나님을 보고 '천사'일지도
모른다고 의심했다.

"하나님의 사람이 내게 오셨는데 그의 모습이 하나님의 사자의 용모 같
아서 심히 두려우므로 ……"

➡ 언어의 한계를 여실히 보여주는 대목이다(영적인 대상을 물리적

인 언어로 표현할 때 빚어지는 부조리라 해두자). 이때 독자는 큰 혼란을 느낄 수도 있는데, 어찌 보면 마노아의 아내는 자신이 무슨 말을 하고 있는지도 모르는 듯싶기도 하다. 천사의 용모를 본 일이 없을 터인데 어찌 그에 빗대어 이야기한단 말인가?!

가설: 마노아와 아내는 하나님이 천사의 모습으로 나타났다는 점을 나중에 알게 되었다.

"마노아가 그제야 그가 여호와의 사자인 줄 알고 그의 아내에게 이르되 우리가 하나님을 보았으니 반드시 죽으리로다."

⇨ 여호와의 사자인 점을 깨달았다고는 하나, 실은 하나님이 '여호와의 사자'로 나타났다는 점을 의식했다는 개연성도 아주 없진 않을 것이다.

결론

인간이 쓰는 물리적인 언어로 영적인 사건을 쓰려면 혼동이 불가피하다. 언어로 인간의 사상과 감정을 표현할 수는 있지만, 영적인 사건은 기술 자체가 불가능하기 때문이다. 하나님은 인간이 이해할 수 있는 언어로 주님의 역사를 기록케 하셨지만 그에는 엄연히 한계가 있게 마련이다. 육신과 영혼의 경계를 글로 나타낼 수 없듯이 하나님(영)과 인간(육)의 만남도 우리의 언어로는 딱히 구분할 수가 없다. 하나님을 인간의 언어에 가두진 말자.

깨알 미스터리:

아브람은 말씀을 어겼는가?

"아브람이 또 이르되 주께서 내게 씨를 주지 아니하셨으니 내 집에서 길린 자가 내 상속자가 될 것이니이다. 여호와의 말씀이 그에게 임하여 이르시되 그 사람이 네 상속자가 아니라 네 몸에서 날 자가 네 상속자가 되리라 하시고(창 15:3~4)"

"사래가 아브람에게 이르되 여호와께서 내 출산을 허락하지 아니하셨으니 원하건대 내 여종에게 들어가라. 내가 혹 그로 말미암아 자녀를 얻을까 하노라 하매 아브람이 사래의 말을 들으니라(창 16:2)"

아브람의 답답한 심정이 느껴진다. 주님이 자손을 주지 않으신다는 이유로 종 '엘리에셀[엘리에제르]'을 상속자로 세우려던 아브람

122   창세기의 미스터리

에게 하나님은 '네 몸에서 날 자가 상속자가 된다'고 말씀하셨다. 이 때 아브람은 하갈과 동침하여 이스마엘을 낳았고 그로부터 13년간의 기록이 없다가 아브람이 99세에 '엘샤다이' 하나님이 등장하셨다.

대대로 전해 내려오는 해석에 따르면, 하나님은 아브람이 명령에 순종치 않아서 실망한 탓에 13년간 나타나지 않으셨다고 한다. 그러나 아브람과 사래의 행위를 '불순종'으로 단정하는 이유는 곱씹어볼 필요가 있지 않을까 싶다.

15장 3절에서 하나님은 "네 몸에서 날 자"가 상속인이 된다고 규정하셨는데 정황상 사래에게서 자식을 보아야 한다는 점이 언급되지 않은 만큼 하갈과의 동침을 상식적이라고 해석하는 것이 과연 일까?

키임 / 아쉐르 / 예이쩨이 / 미메에이하 / 후 / 이라쉐하
그러나 / ~한 자 / 나올 / 네 몸에서 그가 / 네 상속자가 되리라
그러나 네 몸(배/생식기)에서 나올 자, 그가 네 상속자가 되리라

다행히, 문제의 구문은 다른 책(사무엘하 7:12)에도[62] 그대로 실려 있어 해답을 기대해봄직하다. 아래 구절은 나단 선지자가 하나님의 말씀을 예언한 것으로, 장차 다윗의 왕위를 이어 영원한 왕으로 오실 예수 그리스도의 표상을 언급한 내용이기도 하다. 이는 신약에서도 천사의 메시지를 통해[63] 관련성이 분명히 제시되고 있는데, 세 단어 (아쉐르 예이쩨이 미메에이하)가 정확히 똑같다.

"네 수한이 차서 네 조상들과 함께 누울 때에 내가 네 몸에서 날(아쉐르 예이쩨이 미메에이하) 네 씨를 네 뒤에 세워 그의 나라를 견고하게 하리라(삼하 7:12)"

예수 그리스도가 이삭과 다윗을 거쳐 이 땅에 오셨다는 점으로 미루어, '네 몸에서 날 자'는 아브람이나 다윗 한 사람의 몸에 국한된다기보다는 하나님의 언약대로 영원한 계보를 잇는 두 주체(아브람과 사래 혹은 다윗과 밧세바)를[64] 의미할 것이다. 아울러 『창세기』 2장 24절도 의문을 푸는 실마리가 될 수 있겠다.

"이러므로 남자가 부모를 떠나 그의 아내와 합하여 둘이 한 몸을 이룰지로다(창 2:24)."

애당초 아브람은 아내 사래와 한 몸을 이루었기에 하나님은 사래의 몸을 따로 구분해서 말씀하실 필요가 없었을 것이다.

창세기의 미스터리

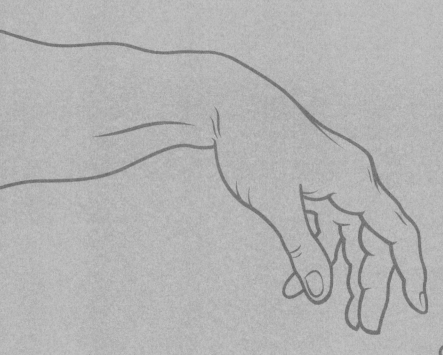

6장에서는 아브라함이 모리아 땅에 있는 어느 산에서

이삭을 바치는 사건을 차근차근 되새기며

예수 그리스도를 묵상하고자 한다.

미스터리를 파헤치는 것보다는

미스터리를 구체적으로 열거하는 데 그쳐야 할 것 같다.

참으로 심원한 성경과 너무도 절묘한 구속사에 감탄하게 될 것이다.

하나님의 영감이 아니하고는 들을 수 없는,

모리아 땅에서 들려오는

거룩한 음성에 귀를 기울여보자.

이삭과
예수 그리스도

06

이삭과
예수 그리스도

기자는 알았을까? 이삭의 모습이 수천 년이라는 세월 뒤에 누군가에게 투영된다는 사실을 말이다. 하나님 입장에서는 수일에 불과할지 모르나 사람에게는 영원과도 같은 세월이다.

6장에서는 아브라함이 모리아 땅에 있는 어느 산에서 이삭을 바치는 사건을 차근차근 되새기며 예수 그리스도를 묵상하고자 한다. 미스터리를 파헤치는 것보다는 미스터리를 구체적으로 열거하는 데 그쳐야 할 것 같다. 참으로 심원한 성경과 너무도 절묘한 구속사에 감탄하게 될 것이다. 하나님의 영감이 아니하고는 들을 수 없는, 모리아 땅에서 들려오는 거룩한 음성에 귀를 기울여보자.

"네 아들, 네 사랑하는 독자 이삭을 번제로 바치라(창 22:2)."

"하나님이 자기의 독생자를 세상에 보내심은 우리를 살리려 하심이라
(요일 4:9)."

이른 아침, 아브라함이 일어나 나귀에 안장을 지우고 있다. 망연자
실한 마음을 내색하지 않으려고 얼마나 노력했을지 우리는 상상조
차 할 수 없다. 아들을 바치는 아브라함의 심정을 이해해야만 독생자
예수 그리스도를 처형해야 하는 하나님의 심정을 알 수 있으리라.

이때 사라의 반응을 두고는 기록이 없는데 유대 전승에 따르면, 사
라는 사탄에게서 "이삭이 이미 번제로 드려졌다"는 끔찍한 소식을
듣고는 충격으로 사망했다고 한다(그래서 이삭의 나이를 37세로 추정).
이제 아브라함은 모리아 땅을 향해 힘겹고도 외로운 여정을 시작해
야 한다.

"솔로몬이 예루살렘 모리아 산에 여호와의 전 건축하기를 시작하니(역
대하 3:1)."

"찬송하리로다. 오는 우리 조상 다윗의 나라여 가장 높은 곳에서 호산
나 하더라. 예수께서 예루살렘에 이르러 …… (막 11:10~11)."

여호와의 전이 건축된 예루살렘에 모리아 산이 있다고 한다(골고
다 언덕도 예루살렘에 있었다). 단숨에 이를 수 있는 거리는 아니었다.

3일 째 되는 날 모리아 땅의 그 산에 도착했기 때문이다. 왜 주님은 그토록 멀리까지 아브라함을 보내셔야 했을까? 가까운 뒷산에서 번제를 드리면 안 되었을까? 혹시라도 당장 번제를 바치라고 했다면 경황이 없는 상황에서 아들을 바쳤을지도 모르겠다. 3일은 하나님의 말씀을 준수할지여부를 충분히 고민할 수 있는 시간이다. 중간에 돌아설 수도 있었지만 아브라함은 묵묵히 모리아로 갔다.

"제3일에 아브라함이 눈을 들어 그 곳을 멀리 바라본지라(창 22:4)"

"이틀이 지나면(즉, 3일째 되는 날) 유월절과 무교절이라 대제사장들과 서기관들이 예수를 흉계로 잡아 죽일 방도를 구하며(막 14:1)"

아브라함은 출발 후 3일째 되는 날 모리아의 산에 도착하여 이삭을 바치게 되는데, 공교롭게도 예수님 또한 대제사장과 서기관들이 모의한 지 3일째 되는 날 십자가에 못 박히셨다. 그 날은 예수님께서 유월절 어린양으로 오신다는 진리가 성취되는 날이기도 했다.

사환 둘이 아브라함의 뒤를 따랐다. '사환'이라고 했지만 실은 "장정"이나 "남성"이라고 해야 옳을지도 모르겠다. 사환으로 번역된 나아르는 '종'이 아니다.[65] 예컨대, 블레셋의 골리앗이 다윗을 묘사할 때도 "나아르(젊은이라는 뜻도 있다)"를 썼다.

그들은 누구며, 왜 하필이면 둘일까? 미드라쉬(구약성경 주석)에 따르면, 두 사환은 아브라함을 찾아온 이스마엘과 아브라함의 충직한 종 엘리에셀이며 원래 VIP(중요한 인물)는 한 사환이 낙오할 수 있기 때문에 둘을 데리고 행차했다고 한다.

"아브라함이 아침에 일찍이 일어나 나귀에 안장을 지우고 두 종과 그의 아들 이삭을 데리고(창 22:3)"

"강도 둘을 예수와 함께 십자가에 못 박으니 하나는 그의 우편에, 하나는 좌편에 있더라(막 15:27)."

사환과 작별을 고해야 할 시간이 왔다. 출발 때부터 언제쯤 그들과 헤어질지 가늠했을지도 모른다. 이삭을 바칠 때 사환이 구경만 하고 있을 리는 없을 테니 하나님의 명령을 준행하는 데 걸림돌이 될지 싶어 그럴 것이다.

"너희는 나귀를 붙잡고 여기서 기다려라. 아이와 함께 가서 예배하고 돌아올 테니까." 이는 하나님께서 아이를 살려주시리라는 확신에서 비롯된 발언일 것이다. 단순히 사환을 안심시키려고 한 말은 아니었으리라는 점은 필자도 동감한다. 이삭을 통한 언약을 망각하고 있진 않았을 터, 하지만 어떻게 살려주실지는 그도 궁금하지 않았을까 싶다.

아브라함은 번제할 나무를 이삭에게 지우고 나서 자기는 불과 칼을 들었다. 번제에 쓸 나무라면 적은 양은 아니었을 테고 이를 어깨에 맬 수 있는 정도의 체격이라면 이삭이 어린아이는 아니었으리라 짐작된다. 결국 이삭은 자기가 태워죽을 나무를 스스로 짊어졌고, 예수 그리스도는 자신이 달려죽을 나무 십자가를 몸소 짊어지셨다.

"아브라함이 이에 번제 나무를 가져다가 그의 아들 이삭에게 지우고(창 22:6)"

"예수께서 자기의 십자가를 지시고 해골이라 하는 곳에 나가시니(요 19:17)"

이삭: 아버지?
아브라함: 응, 왜 그러니?
이삭: 불하고 나무는 있는데 번제를 드릴 어린 양은 어디에 있습니까?
아브라함: 엘로힘 이르엘로 하쎄 르올라 버니

아브라함의 가슴이 찢어질 법한 순간이다. 언젠가는 눈치채리라는 점도 염두에 두었을지 모르나, 어쨌든 정곡을 찌르는 아들의 질문에 아브라함은 당황하지 않고 이야기해주었을 것이다. "엘로힘 이르엘로 하쎄 르올라 버니."

아브라함의 말은 왠지 석연치가 않다. "하나님이 양을 주실 거야." 라고 해도 될 것을 "보다(see, 이르에)"라는 동사를 쓴 데다 '전치사+ 대명사(로)'를 써 뜻이 좀 아리송하기 때문이다.

엘로힘 / 이르에 / 로 / 하쎄 / 르올라 / 버니
하나님께서 / 보실 것이다 / 로 / 그 양을(으로) / 번제용 / 아들아

전통적인 해석은 "아들아, 하나님은 번제에 쓸 그 양을 몸소 찾아 주실 것이다."라지만 본문은 다른 해석도 가능하다. 아브라함이 성령에 힘입어 아래와 같이 말한 것은 아닐까?

> "아들아, 하나님께서는 자신을 번제에 쓸 양으로 간주하실 것이다."

본문을 이렇게 이해한다면 『창세기』 기자는 예수 그리스도가 유월절 어린양으로 오신다는 사실을 오래 전에 기록했을 개연성도 아주 배제할 수는 없을 것이다. 이를 뒷받침해주는 구절도 있다.

> (그 곳 이름을) "여호와 이레"라고 했다. 즉, 오늘날까지 이르기를 "그 산에서 여호와가 나타났다"는[66] 것이다(창 22:14)(원전직역).

발췌한 구절에 따르면, 여호와 이레는 "그 산에서 하나님이 나타났다"는 뜻이므로 본문은 하나님이 양이 되어 나타났다는 중의법으로 해석할 수 있다는 것이다. 그 산에서 (없다가) 나타난 것은 하나님의 사자와 숫양이었기 때문이다.

아울러 이삭의 말도 대충 흘려들어서는 안 될 듯싶다. 그가 언급한 "어디에 있습니까?(에이)"는 화자가 모르고 묻는 것이 아니라 답을 알고 물을 때 쓰는 경우가 많기 때문이다. 이를테면, 하나님께서 사라에 대해 물으실 때도 "yae(에이)"가 쓰였고, "아담아, 네가 어디 있느냐?"라고 하실 때도 같은 어구가 활용되었다. 즉, 이삭은 자신이 번제로 드려진다는 사실을 알고 물었다는 이야기다.

"번제할 어린 양은 어디 있나이까?(제가 꼭 번제로 희생되어야 하나요?)(창 22:7)"

"만일 아버지의 뜻이거든 이 잔을 내게서 옮기시옵소서(눅 22:42)."

그럼에도 이삭은 침착히 아브라함을 따라 하나님이 일러두신 곳에 이르렀다. 아브라함이 제단을 쌓고 나무를 벌여놓을 때 이삭은 무슨 생각을 하고 있었을까? 아버지와 하나님께 모든 것을 맡긴다는 심정이었을까? 아브라함이 이삭을 결박했을 때도 이삭의 반응에 대해서는 기록된 바가 없다. 그런 탓에 묵묵히 죽음을 감수하려 했으리라는 뉘앙스가 강하게 느껴진다.

아브라함은 이삭을 결박했다. 제사에 필요한 동물이라면 굳이 결박까지는 하지 않아도 될 터이나 이삭도 사람인지라 상황이 좀 다를 것이다.

"아버지는 연로하시지만 저는 혈기가 왕성한 청년입니다. 손에 든 칼을 보고 행여 아버지를 공격할지도 모르는 데다, 자칫 잘못해서 제게 상처를 남기면 번제로도 합당치 않을 겁니다. 게다가 은연중에라도 손을 써서 아버지를 막으면 제사를 드릴 수 없으니 저를 밧줄로 묶어주십시오." 그러자 아브라함은 이삭을 즉시 결박했다. 나이가 서른일곱이나 된 아들을 아무런 동의 없이 묶을 수 있었겠는가?(탈굼 요나탄, 얄쿠트 하마히리)

"하나님께서 자신을 양으로 간주하실 것"이라는 아브라함의 답변 뒤에 "그 둘이 함께 나아갔다"는 구절에는 깊은 의미가 담겨있다. 이삭과 아브라함의 마음이 하나가 되었기에 두 사람은 (한마음과 한뜻으로) 나아갈 수 있었던 것이다. 그렇지 않았다면 이삭은 아브라함을 떠났을 것이다.

예수님은 십자가 처형을 앞두고 하나님께 잔을 옮길 수 있거든 옮겨달라고 간구하셨으나, 결국에는 "하나님의 원대로 하시옵소서"라며 하나님과 한마음, 한뜻이 되었다.

마침내 이삭은 죽음을 면했고, 제물은 수풀에 뿔이 걸린 숫양이 대신했다. 양은 하나님이자 예수 그리스도를 표상하는 매개체였음이 분명해진다. 죄가 없으신 예수님이 '나'를 대신해서 나무에 달려 죽으셨다. 유월절 양으로 오신 예수, 하나님이 육신이 되어 오신 예수님이 말이다. 하나님은 자신을 번제할 양으로 여기신 것이다. 수천 년이 지난 지금도 모리아 땅에서는 애절한 음성이 메아리칠 것만 같다.

"아버지, 번제할 양은 어디에 있습니까?"

사라는 왜 아이를 낳지 않았을까?

"아브라함과 사라는 나이가 많아 늙었고 사라에게는 여성의 생리가 끊어졌는지라. 사라가 속으로 웃고 이르되 내가 노쇠하였고 내 주인도 늙었으니 내게 무슨 즐거움이 있으리요(창 18:11~12)."

교회를 다닌 지 10년 이상 되었다면 설교 때 최소 다섯 번 이상은 들어봤을 법한 구절이다. 그뿐 아니라 본문은 석연치가 않은데도 누구 하나 문제를 제기하지 않았던, 기묘하고도 이상야릇한 기사이기도 하다. 필자와 경험이 같다면 사라는 나이가 많은 탓에 경수가 끊어져 자녀를 출산하지 못했다는 것이 교역자의 가르침일 것이다.

진성: 사라가 씩 웃으며 이렇게 이야기합니다. "저는 나이도 많은 데다 생리도

끊어져 아이를 낳을 수가 없습니다. 하나님."

신준: 그럼 생리가 끊어지기 전에는 왜 아이를 낳지 않았습니까?

엄밀히 따지자면 경수가 끊어진 것보다 더 중요한 정보는 사라가 '불임'이었다는 사실이다. 그럼에도 불임이었다는 사실은 감추어놓고 경수 이야기만 늘어놓으면 당연히 헷갈리지 않겠는가? 필자는 이를 '시퀀스의 오류'라고 부른다(급조해낸 용어니 오해가 없기를 바란다. 인터넷을 검색해봐야 헛일이다). 이를테면, 순서나 중요도가 뒤바뀌어 전달될 때 (아주 틀렸다고는 볼 수 없지만) 사실이 왜곡되거나 그릇된 인상을 심어주는 경우를 두고 하는 말이다.

사래가 불임이라는 내용은 11장 30절을 보면 나오는데 아래와 같이 색깔이 다른 히브리어가 바로 '불임barren(히브리어는 아카라)'이라는 뜻이다.

"사래는 임신하지 못하므로(아카라) 자식이 없었더라(창 11:30)."

그러면 '불임'이 쓰인 구절을 좀더 찾아보면서 누가 불임이었는지 살펴보자. 흥미로운 사실을 발견하게 될 것이다.

창세기 25:21 ⇨ 리브가

창세기 29:31 ⇨ 라헬

사사기 13:2 ⇨ 마노아의 아내

사사기 13:3 ⇨ 마노아의 아내

공교롭게도 기록에 따르면, 리브가와 라헬도 불임이었다고 한다. 그러니 미스터리 중의 미스터리를 꼽자면 경수가 끊어진 사래가 이삭을 낳았다는 것도 그렇지만 세 족장인 아브라함(사라)과 이삭(리브가)과 야곱의 아내(라헬)가 모두 불임이었다는 사실이다! 바다의 모래와 같이, 하늘의 별과 같이 자손을 번성케 하겠다는 하나님의 언약이 불임 여성에게서 성취된 것이다. 할렐루야!

깨알 미스터리:

아브라함은 갈 바를 모르고 갔는가?

> "믿음으로 아브라함은 부르심을 받았을 때에 순종하여 장래의 유업으로 받을 땅에 나아갈 새 갈 바를 알지 못하고 나아갔으며(히 11:8)"

본문이 기독교인의 방황을 더 부추겼을지도 모르겠다. 아니, 대개는 교역자를 장본인으로 지목해야 할 것 같기도 하다. 믿음만 있으면 "갈 바를 모르고 가도 상관없다"는 식으로 얼버무린 탓에 말씀이 미궁에 빠졌기 때문이다. 성도들이 길을 헤맬 것 같아 노심초사할라치면 "왜 그리 믿음이 없냐"는 원망을 샀을지도 모르겠다.

그런데 재미있는 사실은 이와 관련된 구절(창 12:1)을 볼 때면 교역자는 어김없이 인용구의 반증은 교묘하게 피해가는 '기지'를 발휘했을 것이다. 행여 읽더라도 뜻은 풀지 않고 어물쩍 넘어갔을 공산이 크다. 그럼 아브라함이 하란을 떠나던 때로 거슬러 올라가 보자.

"여호와께서 아브람에게 이르시되 너는 너의 고향과 친척과 아버지의 집을 떠나 내가 네게 보여 줄 땅으로 가라(창 12:1)."

대개는 이 구절에서 더는 읽지 않고 스토리를 전개했을 것이나, 아브라함이 갈 바를 알고 있었다는 단서는 분명히 기록되어있다.

"아브람이 그의 아내 사래와 조카 롯과 하란에서 모은 모든 소유와 얻은 사람들을 이끌고 가나안 땅으로 가려고 떠나서 마침내 가나안 땅에 들어갔더라(창 12:5)."

그렇다면 왜 아브라함은 가나안 땅으로 가려고 했을까? 신약에서는 갈 바를 몰랐다고 하는데 왜 구약에서는 굳이 가나안 땅을 가려 했느냐는 것이다.

11장을[67] 읽어보면 애당초 데라는 아브람을 비롯한 식솔을 이끌고 우르를 떠나 가나안 땅으로 가려고 했다가 잠시 하란에 머물렀다 (아브람에게 고향과 친척을 떠나라고 말씀하셨다는 점으로 미루어 주님은 우르에서 나타나셨을 공산이 크다. 데라는 아들 아브람의 말을 듣고 떠나기로 결심했을지도 모른다). 이 사실을 염두에 두고 12장을 읽어야 할 것 같다. 아브라함은 경로를 바꾸지 않고 데라가 계획했던 최종 목적지인 가나안으로 가고자했던 것이다. 목표가 없이, 갈 바를 모르고 이리저리 정처 없이 떠돌아다녔다는 이야기가 아니다(목표는 분명했다). 그렇게 본다면 두 가지 의문점이 생긴다.

첫째, "내게 내게 보여준 땅"은 어디인가?
둘째, 신약 기자는 왜 갈 바를 알지 못했다고 기록했는가?

본문을 꼼꼼히 살펴보자.

우미베이트 / 아비하 / 엘하아레쯔 / 아쉐르 / 아르에하
그리고 / 집으로부터 / 네 아비의 / 땅으로 / 아르에하인
아버지의 집을 떠나 내가 네게 보여줄 땅으로 가라 (12:1)

'아르에하'가 매우 중요한 단서인데 원형은 '라아' 즉, '본다see'는 뜻이다. 사역형(히프일)이므로 본문만 따지자면 개역개정판과 같이 "보여주다(보게 한다)"라고 풀이해야 옳다. 하지만 문제는 아브라함의 행적에서 "하나님이 보여주었다"는 기록이 없다는 것이다. 의미가 가장 가까운 구절은 12장 7절에서 찾을 수 있지만 여기서는 하나님이 "보여준 것"이 아니라 "나타나셨다"고 한다. 여기서 가깝다는 것은 "보여주다"와 "나타나다"의 어근이 "보다see"로 같다는 뜻에서 한 말이다.

"여호와께서 아브람에게 나타나(바예이라)[68] 이르시되 내가 이 땅을 네 자손에게 주리라 하신지라(창 12:7)."

하나님은 아브라함이 이미 밟은 가나안 땅을 자손에게 주시겠다고 약속하셨다. 즉, "보여줄 땅"은 결국 가나안을 가리키지만 12장 1절에서는 "하나님이 보여주다"로 7절에서는 "하나님이 나타나다"로 기록되어 혼선을 빚고 만 것이다. 물론 '보여주다(아르에하)'와 '나타나다(바예이라)'는 어근은 같지만 이 둘을 동일한 뜻으로 옮기기에는 무리가 있었을 것이다.

1절이 7절에서 성취된다는 것과, 둘 다 같은 단어를 썼다는 점을 근거로 이 두 단어를 동의어로 보면 안 될까? 실제로 『탄후마 Tanchuma』 기자는 본문(1절)을 "내가 네게 나타날I will appear to you" 땅이라고 이해했다. 사역형인 '아르에하'는 "내가 네게 보여줄 (땅)"도 되지만 "네게 나를 보여줄 (땅)" 즉, "네게 나를 나타낼 (땅)"으로 해석할 수도 있을 것이다.

그렇다면 구약과 대립된다는 인상을 주는 신약의 관련 구절은 어떻게 해석해야 할까? 정말 서로 다른 이야기를 하고 있는 걸까?

카이 / 엑셀텐 / 메 에피스타메노스 / 푸 / 에르케타이
그리고 / 그가 나갔다 / 알지 못한 채 / 어디(푸) / 에르케타이(히 11:8)

"푸 에르케타이"를 어떻게 보느냐에 따라 성경해석의 판도가 달라질 것이다. "푸"는 '어디서, 어디로'라는 뜻이고 '에르케타이'는 '에르코마이'에서 파생되어 '그가 가다(혹은 오다)'로 옮길 수 있다. 문제는 3인칭 남성 단수어미인 '그(~케타이)'를 누구로 보느냐는 것이다. 즉, 그가 '아브라함'이라면 "아브라함이 어디로 가야 할지 모른 채"가 되

창세기의 미스터리

고 '하나님'이라면 "하나님이 어디서 올지 모른 채"로 풀이될 것이다. '에르코마이'는 영어 "come"과 마찬가지로 '가다'와 '오다'를 겸하여 표현할 수 있다.

1. 3인칭 단수어미(그)가 "아브라함"일 경우 ⇨ 아브라함이 어디로 갈지 알지 못한 채
2. 3인칭 단수어미(그)가 "하나님"일 경우 ⇨ 하나님이 어디서 오실지 (나타날지) 모른 채

어떤가? 2번이 옳다면 구약과 신약의 기사는 정확히 맞아떨어진다.

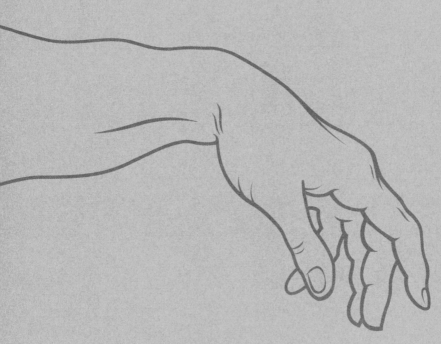

하나님은 리브가의 무모한 행동을 미리 아시고
'그러지 말라'는 뜻에서 장래의 일을 귀띔해주신 것일까?
하지만 예언으로써 일단 미래가 확정되면
 자유의지를 가진 인간에게는 꼬리에 꼬리를 무는 모순이 생기고 만다.
이를테면, 이미 결정된 미래를 자유의지로 바꿀 수 있느냐는 것인데,
만일 바꿀 수 있다면 앞서 하나님이 말씀하신 미래는
거짓이 되고 마니 기묘한 모순이 아니겠는가?

결국 리브가의 극성과 오지랖은
형제가 수십 년간 이별해야 하는 아픔을 안겨주었다.

축복인가,
저주인가?

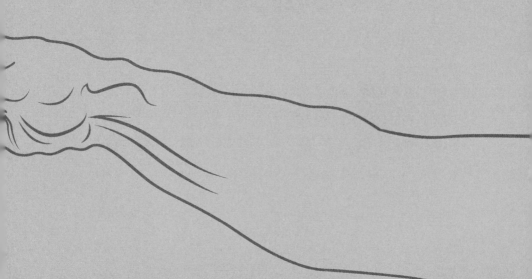

축복인가,
저주인가?

진성: 뒤늦게 나타난 에서는 울며불며 이삭에게 축복을 요구합니다. 하지만 이
삭은 이미 야곱에게 복을 빌어주었기 때문에 이렇게 기원합니다. "네 주
소는 땅의 기름짐에서 멀고 내리는 하늘 이슬에서 멀 것이며 ……."[69]

신준: 뒤늦게 나타난 에서가 울며불며 이삭에게 축복을 요구하자, 이삭은 이렇
게 기원합니다. "네 주소는 땅의 기름짐이며 위로는 하늘에서 내리는 이
슬일 것이며 ……."[70]

아주 허무맹랑한 사례는 아니다. 설교는 성령님의 감동을 받은 교
역자가 하나님의 말씀을 대언하는 막중한 사역이라지만 참고한 번
역본이 다르면 위와 같은 불상사가 생기게 마련이다. 그러니 원전을

연구하지 않고 번역본만 의존하다보면 오류의 가능성은 훨씬 더 커질 것이다(물론 원전을 본다하여 오류가 없다는 뜻은 아니다).

알다시피, 리브가는 염소 새끼의 가죽을 야곱의 손과 목에 입히고는 별미와 떡을 이삭에게 보내어 축복을 받게 했다. 얼마 후, 뒤늦게 도착한 에서는 야곱이 자신의 복을 탈취했다는 사실에 분노하며 부친에게 또 다른 복을 구하는데 앞서 열거한 가상 시나리오는 에서를 위해 이삭이 기원하는 복을 두 가지 해석으로 구분한 것이다.

혹시라도 진성과 신준에게 배운 학생 둘이 만나 본문에 대한 이야기를 나눈다면 어떻게 될까?

예성: …… 에서가 저주를 받았잖아. 근데 아빠가 아들을 저주한다는 건 좀 그렇지 않나?

예림: 웬 저주? 축복을 받았다고 들었는데?

왜 다른가?

진성은 개역개정을 비롯하여 NIV와 NASB, NRS, RSV 등과 일치하는 내용을 전달한 반면, 신준은 JPS와 TNK 및 KJV를 참고했기에 내용이 서로 180도나 틀어지고 말았다. 번역본을 보면 진성의 해석이 거의 압도적으로 많고 우리글 성경 또한 부정적인 뉘앙스가 거의 100퍼센트에 가깝다.[71]

하지만 사랑하는 장자 에서가 축복을 바라는데 되레 저주할 부모가 있을까? 축복에 돈이 드는 것도 아닌데 이삭은 왜 그리 인색해야 했을까? 둘 다 복을 받으면 큰일이라도 났던 것일까?

알다시피, 49장에서는 야곱이 시므온과 레위에게 동일한 말을 해주지 않았던가? 혹시라도 생선을 달라는 데 뱀을 줄 수 있다는 경우가 바로 이 본문이라며 생떼를 쓰는 사람은 없을까?

해석이 둘로 갈라진 이유는 '전적으로' 전치사(민/미) 때문일 공산이 크다.[72] '민(미)'은 대개 '~로 부터from, out of'로 옮기며 '분리'의 뜻으로 알고 있지만 엄밀히는 '출신'의 의미도 있어 좀 애매한 구석이 있다. 이처럼 어의가 불분명할 때는 역자가 문맥에 맞는 의미를 적절히 판단해야 하지만 '민'은 분리로 활용될 때가 많아 아무런 고민 없이 그렇게 옮겼을 개연성도 부정할 수는 없을 것이다.

* I chose one from(out of) eight. 나는 여덟 중에서 하나를 선택했다.

* Where are you from? 어디 출신이요?

* I left from China. 중국에서 떠났다.

문제의 구절(창 27:39)은 아래와 같다.

히네이 / 미슈마네이 / 하아레쯔 / 이흐에 / 모샤베하 / 우미탈
하샤마임 / 메이알
보라 / 민+기름진 곳 / 그 땅 / ~ 이다 / 네 거주지 / 그리고 민+이슬
하늘 / 민+위에

창세기의 미스터리

보라, 네 거주지는 땅의 기름진 곳 …이고, 위로는 하늘의 이슬 …이다

"네 거주지는 땅의 기름진 곳 중에 있을 것이고 ……(번역 1)"
"네 거주지는 땅의 기름진 곳에서 떨어져 있을 것이고 ……(번역 2)"

39절은 크게 둘로 구분할 수 있는데 합리적인 정답을 가리려면 어떻게 단서를 찾아야 할지도 고민해볼 문제가 아닐 수 없다. 우선 리브가가 에서의 복을 탈취하고자 했던 이유를 비롯하여 27장 이후 에서가 누린 삶의 궤적을 따라가 보면 모두가 수긍할 법한 합리적인 정답을 찾아낼 수 있지 않을까 싶다.

오지랖이 넓은 리브가

정황을 따져보자. 이삭은 에서를 좋아했고 리브가는 야곱을 사랑했다(창 25:28). 어느 날 이삭이 에서를 축복하려하자 이를 엿들은 리브가는 서둘러 야곱에게 축복을 탈취할 계획을 전한다. 하지만 돌발적이라는 인상을 줄 정도로 그렇게까지 적극적으로 나서야 했던 궁극적인 이유는 무엇이었을까? 이삭이 에서에게 어떤 복을 기원할지조차 알 수 없는 와중에도 리브가는 무모한 계획을 밀어붙였다. 왜 그랬을까? 에서보다 야곱을 더 사랑해서?

리브가는 '에서'가 받을 복이 필요했을 것이다. 이를테면, 큰 자가 받을 복을 어린 자인 야곱이 받아야 했다는 이야기다.

"여호와께서 그에게 이르시되 두 국민이 네 태중에 있구나. 두 민족이 네 복중에서부터 나누이리라. 이 족속이 저 족속보다 강하겠고 큰 자가 어린 자를 섬기리라 하셨더라(창 25:23)."

본문은 리브가가 쌍둥이를 밴 후 하나님이 들려주신 예언이다. 이삭도 이를 알고 있었느냐는 그다지 중요한 문제가 아니다. 알든 모르든, 하나님의 말씀은 어차피 성취될 테니 말이다. 이때 리브가의 꿍꿍이는 무엇이었을까? 이삭이 축복 이야기를 꺼냈을 때 리브가는 불안해졌을지도 모른다. 자신이 나서지 않으면 하나님의 뜻이 성취되지 않을 수도 있다는 걱정이 앞섰기 때문이다. 믿음이 부족한 탓에 오지랖이 발동했다면 리브가의 대응이 아주 생뚱맞지는 않을 것이다.

리브가: 큰 자가 어린 자를 섬긴다고 했는데, 영감이 에서에게 '야곱(어린 자)을 다스릴 것'이라고 축복하면 어쩌지?

이삭의 말을 주의깊게 살펴보면 리브가가 그때 개입할 수밖에 없었던 까닭을 파악할 수 있다.

"내가 즐기는 별미를 만들어 내게로 가져와서 먹게 하여 내가 죽기 전에 내 마음껏 네게 축복하게 하라(창 27:4)."

"내가 죽기 전에 ……"가 리브가의 귓전에 맴돌았을지도 모르겠다. '지금이 아니면 기회를 영영 놓칠 수도 있다'는 조바심에 계획을 강행한 것은 아닐까? 에서가 받아야 할 복을 야곱에게 들려줄 때 리브가는 그제야 "큰 자가 어린 자를 섬기리라"는 예언이 성취될 수 있다는 점에 희열을 느꼈을 것이다.

> "내 아들의 향취는 여호와께서 복 주신 밭의 향취로다. 하나님은 하늘의 이슬과 땅의 기름짐이며 풍성한 곡식과 포도주를 네게 주시기를 원하노라. 만민이 너를 섬기고 열국이 네게 굴복하리니, 네가 형제들의 주가 되고 네 어머니의 아들들이 네게 굴복하며 너를 저주하는 자는 저주를 받고 너를 축복하는 자는 복을 받기를 원하노라(창 27:27~29)."

아니나 다를까, 이삭은 "형제들의 주가 된다"는 축복을 야곱에게 들려주고, 이로써 리브가가 들은 하나님의 예언은 이삭의 축복을 통해 성취될 조짐을 보인다. 그런데 여기에는 역설적인 논리(패러독스)가 배어있다(그래서 성경이 위대한 책이라고 하는가보다).

하나님은 리브가의 무모한 행동을 미리 아시고 '그러지 말라'는 뜻에서 장래의 일을 귀띔해주신 것일까? 하지만 예언으로써 일단 미래가 확정되면 자유의지를 가진 인간에게는 꼬리에 꼬리를 무는 모순이 생기고 만다. 이를테면, 이미 결정된 미래를 자유의지로 바꿀 수 있느냐는 것인데, 만일 바꿀 수 있다면 앞서 하나님이 말씀하신 미래는 거짓이 되고 마니(하나님이 거짓말쟁이가 된다) 기묘한 모순이 아니겠는가? 그와 관련해서는 10장(하나님은 왜 시험하시는가?)을 참조하기 바란다. 결국 리브가의 극성과 오지랖은 형제가 수십 년간 이별해야 하는 아픔을 안겨주었다.

아들도 둘, 축복도 둘

이삭은 두 아들을 두었으므로 에서와 야곱 각자에게 빌어줄 복을 염두에 두고 있었을 것이다. 그런데 야곱과 에서의 복을 비교해보면 아주 재미있는 사실과 마주하게 된다.

공통분모는 "하늘의 이슬"과 "땅의 기름진 곳"이다. 앞서 언급했듯이, 전치사(민) 때문에 축복과 저주가 갈라졌다면 야곱에게는 어떤 전치사를 썼을지가 자못 궁금해진다.

버이텐-러하 / 하엘로힘 / 미탈 / 하샤마임
우미슈마네이 / 하아레쯔
네게 주실 것이다 / 하나님이 / ~의 이슬+(민) / 하늘 / 그리고 ~의
기름진 곳+(민) / 땅

하나님께서는 네게 주실 것이다. 하늘의 이슬 … , 그리고 땅의 기름진
곳 …

이 구절에도 전치사 "민"이 보인다. 그러니까 역자는 전치사가 같은데도 이삭에게는 이를 긍정적으로, 에서에게는 부정적인 뉘앙스로 옮긴 셈이다. 왜 그랬을까? 역자의 선입견이 작용한 것일까?

에서에게 적용된 동사는 "이흐예(~일 것이다will be)"를 썼고 여기서는 "버이텐(주다give)"을 썼기 때문에 전치사의 의미가 달라진 것이라고 주장할지도 모르겠다. 물론 설득력은 빈약한 반증이다. 두 문

장은 주어가 달라 각자에 호응할 동사로 "주다"와 "일 것이다"를 쓴 것이기 때문이다. 거주지가 기름진 곳을 줄 수는 없지 않은가? 그뿐 아니라, 에서가 저주를 받았다면 나중에 야곱과 재회할 때 수하를 400명씩이나 거느릴 수 있었을까?

결론

상식적으로 보나 성경의 단서와 정황으로 보나, 이삭은 에서를 저주할 이유가 전혀 없었으며 오히려 복을 빌어주었다고 해야 문맥이 맞을 듯싶다. 필자의 결론에 수긍하는가?

아브라함이 믿으니 이를 의로 여겼다?

"믿습니까?"

"믿습니다!"

믿음은 기독교의 핵심 교리지만 개념이 분명하지 않고 애매한 구석이 많아 사람마다 생각하는 바가 다르다. 교역자 역시 믿음을 강조하지만 이를 두고는 견해가 천차만별일 것이다.

예컨대, '바라는 것의 실상'일 뿐 아니라 '믿는 자에게는 능치 못할 일이 없다'는 점을 내세워 자신의 소욕을 실현시키려는 수단으로 믿음을 가장하는 사람이 있는가 하면, 예수 그리스도를 믿지 않는 사람을 향해 "믿으시오! 믿어야 천국에 갈 수 있습니다."라며 믿음에 대한 의지를 불러일으키려고 안간힘을 쓰는 사람도 있다. 심지어는 상대를 설득하면 믿게 할 수 있다고 자부하는 교인도 적지 않을 것이다.

기독교의 믿음을 두고는 단연 아브라함에게서 적잖이 영향을 받았을 것으로 추정된다. 하나님의 약속을 믿고 그에 순종하는 모델로서 독자 이삭을 바쳤을 때 믿음은 절정에 이르렀다. 그 후 아브라함은 "믿음의 조상"으로 등극하게 된다. 교회가 생각하는 믿음을 정리해보면 세 가지로 나눌 수 있을 것 같다.

1. 믿으려면 자신의 의지가 필요하다(믿음은 능동).
2. 성령의 감동이 없이는 믿을 수 없다(믿음은 수동).
3. 성령의 감동이 없이는 믿을 수 없지만 자신의 의지도 필요하다.
   (능동+수동)

1과 2는 서로 모순관계라고 한다. 쉽게 말해, 중간개념은 성립하지 않으므로 3처럼 1과 2를 결합하면 논리적으로 모순이 되고 만다는 이야기다. 그러면 아브라함은 어땠을까? 자신의 의지로 하나님의 말씀을 믿었을까?

"그를 이끌고 밖으로 나가 이르시되 하늘을 우러러 뭇별을 셀 수 있나 보라. 또 그에게 이르시되 네 자손이 이와 같으리라. 아브람이 여호와를 믿으니 여호와께서 이를 그의 의로 여기시고(창세기 15:5~6)."

버혜에민 / 바하쉐임 / 바야흐슈베하 / 로 / 쩌다카
버혜에민 / 여호와를 / 그리고 (그가) 이를 여기셨다 / 그에게 / 의로

아브람이 여호와를 믿으니 여호와께서 이를 그의 의로 여기시고[73](개역)

그가 여호와를 믿게 하니, 그가 이를 그에게 의로 여기셨다(원전직역)

본문은 주어를 명시하지 않아 주체가 하나님인지 아브라함인지 신경을 쓰며 읽어야 하는데 기존의 해석이 미심쩍은 까닭은 바로 "버헤에민" 때문이다. 이는 "아멘"과 어근이 같은 "아만"에서 파생된 말이지만 단순한 능동이 아니라 '사역형(히프일)'이다. 만일 '아만'이 "~을 믿다"라는 뜻이라면 "히프일"일 때는 "믿게 했다"라야 옳다.

독자의 이해를 돕기 위해 "히프일(사역형)"을 비롯한 히브리어의 '태'를 잠깐 소개할까 한다(크게는 일곱 가지지만 셋만 언급키로 한다).

기본형(파알)의 뜻이 "때렸다"라면 ……

기본형의 히프일(사역) = "때리게 만들었다"

기본형의 피엘(강조) = "부수다 / 정말 때렸다"

기본형의 닢알(수동) = "맞았다"(입장을 바꾸는 것이 수동)

여담으로, 필자는 히프일이 사역동사라는 점을 외우기 위해 말을 지어내면서 공부하곤 했다. 너무 헷갈려서 말이다(우스갯소리로 넘기기 바란다).

창세기의 미스터리

"하필(히프일) 내가 왜 사역을 해가지고 ……."

"니 팔(닢알)로 직접 작동시키는 것이 수동이다."

"기독교는 그리스도의 피에(피엘) 강조점을 둔다."

15장 4절에서 주어는 하나님인데, '하나님'이 7절까지 계속 이어진다면 기존의 해석은 어떻게 달라질까? 15장 6절에서 주어가 갑자기 아브람으로 바뀔 이유가 있을까?(그럴 가능성이 전혀 없는 것은 아니지만 사역형을 썼다는 점으로 미루어 주어는 하나님이라야 좀더 자연스러울 듯싶다).

이 같은 논리를 적용하여 성경을 다시 옮기면 아래와 같다.

15:5 [여호와가] 그를 이끌고 밖으로 나가 이르시되, 하늘을 우러러 뭇
별을 ……

15:6 [또 그[여호와]가 여호와를 믿게 하니, 그[여호와/아브라함]가[74]
이를 의로 여기고

15:7 [또 [여호와가] 그에게 이르시되 "나는 이 땅을 네게 주어 소유를
삼게 하려고 ……."

사실, 사전을 들춰보면 '믿는다'의 "아만"은 파알형(능동)으로 쓰인 경우가 거의 없다. "믿다"로 쓰일 때는 대개 사역형(히프일)이 적용되었는데, 그 점으로 미루어(게제니우스 히브리어/아람어 사전) "믿는다"는 말은 곧 제3자가 개입하여 누군가를 믿게 해야만 성립된다는 이야기가 된다.

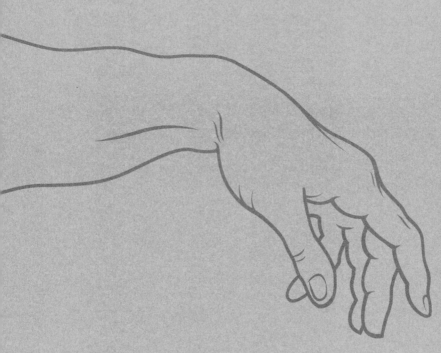

story 8

아브람의 아버지 데라는 우상 가게를 운영해왔다.

하루는 몸이 좋지 않아 아브람에게 잠시 가게를 맡기고는 방에 들어간다.

아브람은 어머니가 차려준 음식을 우상이 가득한 창고에 들이고는

각자의 손이 닿을 수 있는 곳에 먹거리를 벌여두었다.

마치 식사할 겨를이라도 주려는 양 조금 여유를 두고 난 그는

기다렸다는 듯 가장 큰 우상을 제외한 나머지를

망치로 부수기 시작했다.

 창고를 쑥대밭으로 만든 뒤 망치는

남은 우상의 손에 쥐여주었다.

왜 드라빔을
훔쳤는가?

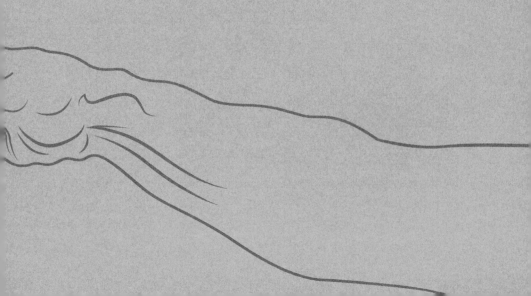

왜 드라빔을
훔쳤는가?

아브람의 아버지 데라는 우상 가게를 운영해왔다. 하루는 몸이 좋지 않아 아브람에게 잠시 가게를 맡기고는 방에 들어간다. 아브람은 [75] 어머니가 차려준 음식을 우상이 가득한 창고에 들이고는 각자의 손이 닿을 수 있는 곳에 먹거리를 벌여두었다. 마치 식사할 겨를이라도 주려는 양 조금 여유를 두고 난 그는 기다렸다는 듯 가장 큰 우상을 제외한 나머지를 망치로 부수기 시작했다. 창고를 쑥대밭으로 만든 뒤 망치는 남은 우상의 손에 쥐여주었다.

떠들썩한 소란에 급히 달려온 데라는 만신창이가 된 우상을 보며 아브람에게 자초지종을 물었다.

"조무래기 우상들이 가장 큰 녀석 앞에서 음식을 먹으려고 하자 왕초 우상이 '예의가 없다'면서 망치로 죄다 부숴버리더라구요." 아브람이 태연히 입을 열었다.

데라는 속이 끓었다. "거짓말 좀 작작해라. 생명이 없는 우상이 어찌 그럴 수가 있겠느냐? 우상은 먹지도, 움직이지도 못한다!"

"그걸 알면서 왜 우상에 절을 하시는데요?" 아브람이 받아쳤다.

니므롯은, 용기를 내어 우상을 비난한 아브람을 화로에 던져버렸으나 그는 기적적으로 살아났다(미드라쉬).

"그들이 자기 손에 있는 모든 이방 신상들과 자기 귀에 있는 귀고리들을 야곱에게 주는지라 야곱이 그것들을 세겜 근처 상수리나무 아래에 묻고(창 35:4)"

필자가 초등학교에 다닐 무렵 형이 집회를 다녀온 뒤로 들려준 이야기가 문득 떠오른다. 당시 교역자가 누구였는지는 모르지만 그분은 "집에 모셔둔 신상을 제거하지 않으면 악마가 떠나질 않는다"는 메시지를 설파했다고 한다. 그 예로 호랑이나 용 조각상 따위를 언급한 듯싶은데 거기에 '필'이 꽂힌 형은 태권도 학원에서 받은 트로피를 모두 모아두고는 나를 불러 같이 "묻으러" 가자고 했다(트로피 재질은 도금한 플라스틱으로 용과 호랑이가 주요 모델이었다). 어릴 때는 교역자 말이라면 다 옳다고 여겼다.

도장에서 받은 트로피에 악마가 서려있다는 점을 생각하니 형은 트로피가 아깝기는커녕 아주 꺼림칙했던 모양이다. 마침내 우리는 트로피를 몇 개씩 나누어 들고 나가 적당한 곳에 파묻었다. 내심 뿌듯했다. 우상을 버렸다는 생각에 자신이 기특했던 것이다. 어릴 적에는 마음이 순수하기 때문에 메시지의 진위를 떠나 무언가를 믿으면 믿는 그대로 하지 않았나 싶다(그래서 예수님이 아이들을 모델로 삼으셨는지도 모르겠다).

드라빔이란?

라반이 드라빔을 "나의 신들my gods[76]"이라고 말하듯, 성경에서 복수형으로만 기록된 드라빔(히, 터라핌)은[77] 어원이 분명치가 않다. 『온켈로스』를 비롯한 일부 번역본은 이를 '형상images'이나 '우상idols'으로 옮겼지만 어원적으로 이를 뒷받침할 만한 증거는 없다고 한다.[78]

조하르: [드라빔이 복수라는 점을 지적하며] 드라빔이란 우상은 남자와 여자의 형상으로 만들어졌을 겁니다. 그리고 라반이 이를 "신"이라 인정한 점으로 미루어 그는 강령술을 구사하는 마법사로 드라빔을 통해 모종의 정보를 얻어냈을 공산이 큽니다.

호프만: 드라빔은 '엘로힘'과 같이 복수만 쓰는 "위엄의 복수형majestic plural"일 것입니다. 비록 잡신을 일컫긴 하지만요.

허쉬: 로마에 페나테스Penates가[79] 있듯이, 드라빔 또한 집을 지키는 신일 거라고 추정됩니다.

람반: 하지만 성경에 언급된 드라빔이 모두 우상으로 숭배되었던 것은 아니었습니다.

드라빔을 묘사한 고전 중『피르케이 드랍비 엘리에제르』는 아래와 같이 기술했다.

"드라빔은 무엇인가? 드라빔은 장자를 죽여 머리를 베고 나서 이를 소금에 절인 뒤 벽에 걸어둔 것을 일컫는데 혀 아래에는 부정한 정령의 이름을 쓴 금 접시를 두었다. 촛불을 밝히고 향을 태우며 그 앞에서 몸을 굽히면 머리가 그들에게 무언가를 일러주었다. 라반은 그런 우상에 절을 한 것이다. 드라빔이 말을 했다는 증거는『스가랴(10:2)』에서 찾을 수 있다(드라빔들은 허탄한 것을 말하며)[80]. 때문에 라헬은 야곱이 곧 떠난다는 사실을 드라빔이 라반에게 누설하지 않게 하려고 이를 훔친 것이다. 물론 우상을 근절하려는 의도도 있었다고 본다."

랄바그: 드라빔이 말을 했다니요? 가당치도 않습니다. 주술로 음성이 들리긴 했지만 드라빔은 매개체에 불과했을 겁니다.

조하르: 하지만 드라빔은 주술로써 어떤 기묘한 능력을 구사했을 것으로 보입니다.

이븐 에즈라: 드라빔은 청동으로 만든 것이며 날짜를 결정할 때 사용한 것으로 짐작됩니다. 여러 학자의 말마따나, 드라빔은 점성술사가 만든 우

상인데 때로는 (성경의 기록대로) 말도 할 수 있었던 모양입니다.

라닥: 말을 했다고 단정할 필요는 없을 듯싶군요. 본문을 비유적으로 풀이한다면 드라빔은 [말이 아닌 주술적인 수단으로] 허탄한 것을 '지시했다'고 볼 수도 있으니까요. 그리고 드라빔은 인간의 형상을 띤 모형에 불과할 겁니다. 기록에 따르면, "미갈이 우상을[81] 가져다가 침상에 누이고 염소 털로 엮은 것을 그 머리에 씌우고 의복으로 그것을 덮었더니, 사울이 전령들을 보내어 다윗을 잡으려 하매 미갈이 이르되 그가 병들었느니라(삼상 19:13~14)"라며 다윗의 탈출을 도왔다고 했으니까요.

람반: 미갈의 일화를 통해 알 수 있는 사실은 드라빔이 모두 우상으로 숭배되었던 것은 아니었다는 점입니다. 만일 그랬다면 다윗이 드라빔을 가지고 있었을 리는 없었겠죠. 짐작컨대, 원래는 시간을 측정하는 도구였지만 어떤 이는 미래를 점치는 수단으로 썼을 개연성도 있습니다. 믿음이 없는 자들은 이를 숭배함으로써 하나님 대신 드라빔을 의지했을 공산이 큽니다(사사기 17:5)[82] 따라서 라반은 시간을 측정하는 수단을 신으로 숭앙했을 것입니다.

왜 드라빔을 훔쳤는가?

라헬은 라반이 양털을 깎으러 나간 틈을 타 드라빔을 훔쳤다(창 31:19). 앞서 밝혔듯이, 드라빔은 우상의 대명사로 꼽히는데 그녀는 왜 이를 '도둑질'했을까? 라헬이 하나님 외에 드라빔도 섬겼다는 방증일까? 그렇지 않다면 드라빔을 바로 묻어버리지 않은 경위도 석연치가 않다. 라헬은 집을 떠난 지 10일 째 되는 날(3+7)[83] 라반을 만났지만 그때까지도 드라빔을 없애지 않았고 야곱과 라반이 증거의 무더기를 쌓은 이후에도 고집스레 그것을 보유하고 있었다. 신상은 딸 디나가 성폭행을 당해 세겜성이 쑥대밭이 된 후 야곱이 다시 벧엘로 올라간 35장에 가서야 나무 아래 묻히게 된다(호프만에 따르면, 드라빔이라는 어구는 본문에 없지만 드라빔도 이방 신상에 포함되었을 것이라고 한다). 라헬의 꿍꿍이는 도대체 무엇이었을까?

라쉬는 미드라쉬와 마찬가지로, 라헬이 라반의 우상숭배를 막기 위해 드라빔을 훔쳤다고 주장한다. 즉, 라헬의 의도가 숭고했다는 이야기다(어찌 우상을 숭배하는 아버지를 남기고 떠날 수 있으랴?).

> 허쉬: 라헬은 드라빔을 훔치면 아버지가 우상을 숭배하지 않을 거라고 믿었죠. "드라빔이 도둑도 제대로 막지 못하는데 어찌 가정을 보호할 수 있겠는가?"라는 회의감에 라반이 우상을 포기할지도 모른다고 생각했을 겁니다.

> 라쉬밤: 야곱이 떠나고 싶어 한다는 속내를 라반에게 귀띔하지 못하게 하려고 드라빔을 훔친 것은 아닐까요? 성경을 보면 드라빔이 점괘를 보는 데 쓰인다는 것을 알 수 있습니다(슥 10:2, 호 3:4).

애당초 라반의 우상숭배를 막을 계산이었다면 아무도 찾을 수 없는 곳에 드라빔을 숨겨도 되지 않았을까 하는 생각도 드는데 그럴 수 없었던 사정은 과연 무엇이었을까?

관점을 바꾸어 라헬 입장에서 사건을 되짚어보면 그녀의 불안감은 점차 증폭되었으리라는 점을 쉽게 짐작할 수 있다. 라반이 야곱에게 따지는 구절부터(31:30) 이야기가 어떻게 전개되고 있는지 돌이켜보라.

라반: 집이 그리워서 돌아가려는 건 잘 알겠네만 내 신은 왜 훔쳤는가?[84]

야곱: 외삼촌의 신을 누구에게서 찾든지 그는 살지 못할 겁니다. (시쳇말로 장을 지지겠다는)

라반: 여봐라, 장막을 샅샅이 찾아보라.

하인: 아무리 뒤져봐도 없는 뎁쇼.

라반: 구석구석 이 잡듯이 뒤지란 말이다.

라헬: (드라빔을 안장 아래 넣고 앉는다)

하인: 도저히 못 찾겠습니다.

야곱: 도대체 제가 뭘 잘못했기에 여기까지 행차하신 겁니까?

라반은 야곱이 유일신을 믿는다는 사실을 몰랐을까? 아버지 집이 그리워 귀환하는 야곱이 우상을 훔쳤을 리는 없다. 가져가 봤자 이삭이 반길 리도 없거니와 본인도 유일한 하나님만 섬기는데 왜 우상을 가져가겠는가? 다른 사람이라면 또 모를까 야곱이 써먹을 일은 전혀 없는데도 라반은 애먼 사람에게 생떼를 부리고 있다.

이때 라헬의 마음은 어땠을까? '이러다가 나 죽는 거 아닌가?'라며 뜨끔하지 않았나 싶다. 아주 폐기해버리려고 가지고 나왔건만 상황

창세기의 미스터리

이 왠지 불리해지다 못해 목숨까지도 위태롭게 되었으니 말이다(물론 "살지 못한다"는 말이 꼭 죽이겠다는 의도는 아닐 수도 있다). 아니나 다를까, 라쉬는 미드라쉬를 인용하며 "야곱이 드라빔을 훔친 자를 저주한 까닭에 라헬이 베냐민을 낳고 죽었다"고 말하기도 했다.

라헬은 이동 중에라도 드라빔을 처분할 기회가 있었겠지만 행여 눈에 띨까봐 몸에 계속 지니고 있었을 수도 있고, 외삼촌이 뒤쫓아 왔을 때 혹시라도 화가 풀리지 않으면 어쩔 수 없이 드라빔을 되돌려주어야 할지도 모른다는 판단에 폐기하지 못했을지도 모를 일이다.

깨알 미스터리:
'나'좀 넣어주시오!

"여호와께서 이르시되 네 아들 네 사랑하는 독자 이삭을 데리고 모리아 땅으로 가서 내가 네게 일러 준 한 산 거기서 그를 번제로 드리라(창 22:2)."

모리아 땅의 어느 한 산에서 이삭을 바치라고 했던 하나님은 어떤 뉘앙스로 말씀하셨을까? 지엄하신 심판자의 음성으로? 딱히 아브라함이 잘못한 일이 없으니 그건 아닌 것 같다. 우리글만 보면 뉘앙스는 파악하기가 쉽지 않지만 원문에는 하나님의 심정을 조금이나마 헤아릴 수 있는 단서가 있다.

번역가는 화자나 주인공의 심리상태나 나이, 교육수준 혹은 환경 등을 고려하며 옮기는데, 본문은 주어가 하나님인지라 아무래도 역자의 선입견이 작용하지 않았나 싶다. 말의 뉘앙스를 결정하는 단어를 옮기지 않았기 때문이다.

바요메르 / 카흐-나 / 에트-빈하 / 에트-여히드하

아쉐르-아하브타 / 에트-이쯔하크

(그가) 말씀하시기를 / 카흐-나 / 네 아들을 / 네 독자를

네가 사랑하는 / 이삭을

그가 말씀하시기를 "네 아들, 네가 사랑하는 네 독자 이삭을 카흐-나하라."

인용구의 '카흐-나'에서 "카흐"는 '데리고 가라'는 뜻으로 "take" 와 같고, 여기에 딸린 '나נَא"'는 청유형을 만들 때 붙이는 것으로 영어로는 "please"에 가깝다. 즉, 독자를 바치기가 쉽진 않으리라는 점은 주님도 알고 계셨기에 아브라함에게 순종의 본이 되고 영적 수준이 격상될 수 있도록 하나님은 그를 애달픈 심정으로 시험하신 것이다. 주어가 '여호와(은혜와 자비의 속성)'였다면 굳이 "나"를 쓰지 않아도 자비하신 하나님의 은혜가 느껴지겠지만 "엘로힘"이기에 본문을 오해할까봐 '나'를 덧붙인 것은 아닐까 하는 짐작도 조심스레 해본다. 따라서 본문은 "…… 제발(부디) 이삭을 데려다가"로 이해해야 할 것이다.

"간청하건대, 너는 나를 위해 마음을 견고히 추스르길 바란다. 앞서 여러 차례 통과한 시험이 무색해지지 않도록 말이다(라쉬)."

탈무드는 이 기사를 한 왕에 비유하기도 했다.[85] 그는 용맹한 장수의 도움으로 많은 전쟁을 승리로 이끌어왔으나, 전과는 족히 비교할 수 없을 만큼 혹독한 전쟁을 앞두게 되었다고 한다. 이때 왕은 장수를 불러들였다. "가장 고된 전쟁이 되겠지만 이번에도 나를 도와주게. 여태까지 맛본 승리가 헛것이었다는 푸념을 들어서야 되겠는가."

깨알 미스터리:
종이 신부를 데려온다?

아브라함의 충직한 종 엘리에셀이 이삭의 신부를 찾는다는 기사도 궁금증을 증폭시킨다. 이삭이 직접 신붓감을 찾으면 안 되었을까? 아브라함이 번제로 바치려할 때 이를 알고도 묵묵히 순종하던 이삭이었으니 "가나안 여인과 결혼해서는 안 된다"고 일러주어도 말은 충분히 통했을 것이다.

물론 6절로 미루어[86] 아브라함은 이삭이 고향에 가는 것을 원치 않았을지도 모르겠다. 그렇다고 해서 노쇠한 본인이 몸소 길을 떠날 수도 없었으니(창 24:1) 믿음직한 종을 보내는 편이 훨씬 나을 거라고 확신했으리라. 어쨌든, 아브라함은 종을 고향으로 보내고 거기서 엘리에셀은 순탄하게 리브가를 만난다. 이삭이 리브가와 혼인하게 된 경위는 대강 이렇다.

하지만 리브가와 엘리에셀을 둘러싼 기사는 신약성경의 맥락과도 절묘하게 일치하는 까닭에 여기서 밋밋하게 마무리하게에는 아쉬운 감이 있다.

알다시피, 성경은 예수 그리스도를 신랑에 비유한다. 이를테면, 신랑을 기다리는 열 처녀의 비유(마태복음 25장)와 "신랑을 빼앗기는 날에는 금식할 것"이라는[87] 예수님의 가르침을 보면 그러한데, 이를 이삭과 리브가에 적용해보면 억지로 끼워 맞춘 듯한 인상이 전혀 들지 않을 만큼 깔끔하게 맞아떨어진다!

아버지 — 신랑 — 종 — 신부

아브라함(아버지) — 이삭(아들) — 엘리에셀(종) — 리브가(신부)

하나님(아버지) — 예수님(아들) — 우리(종) — 예수님의 신부(성도)

하나님은 예수 그리스도의 신부를 부르기 위해 종된 우리를 이 세상에 파송하셨다. 개인 전도가 이미 구약에서 아브라함과 엘리에셀을 통해 미리 계시된 것은 아닐까? 그리고 보면 구약과 신약의 관련 구절도 같은 맥락에서 이해할 수 있을 것이다.

"너는 내가 거주하는 이 지방 가나안 족속의 딸 중에서 내 아들을 위하여 아내를 택하지 말고, 내 고향 내 족속에게로 가서 내 아들 이삭을 위하여 아내를 택하라(창 24:3~4)."

창세기의 미스터리

⇨ 예수께서 이 열둘을 내보내시며 명하여 이르시되 "이방인의 길로도 가지 말고 사마리아인의 고을에도 들어가지 말고 오히려 이스라엘 집의 잃어버린 양에게로 가라(마 10:5~6)."

"여자가 나를 따라 이 땅으로 오려고 하지 아니하거든 내가 주인의 아들을 주인이 나오신 땅으로 인도하여 돌아가리이까(창 24:5)?"

⇨ "저희를 영접하지도 않고 말을 듣지도 않으면 어찌하오리까?(마 10:14 응용)"

"여자가 너를 따라 오려고 하지 아니하면 나의 이 맹세가 너와 상관이 없나니 오직 내 아들을 데리고 그리로 가지 말지니라(창 24:8)."

⇨ "누구든지 너희를 영접하지도 아니하고 너희 말을 듣지도 아니하거든 그 집이나 성에서 나가 너희 발의 먼지를 떨어 버리라(마 10:14)."

구약성경에서 예수 그리스도를 발견한다는 것이 당연하다고 본다. 그렇지 않은가? 『디모데후서』에서도 언급했듯이 말이다(본문의 성경은 분명 '구약'을 가리킬 것이다).

"또 어려서부터 성경[구약]을 알았나니 성경은 능히 너로 하여금 그리스도 예수 안에 있는 믿음으로 말미암아 구원에 이르는 지혜가 있게 하느니라(딤후 3:15)."

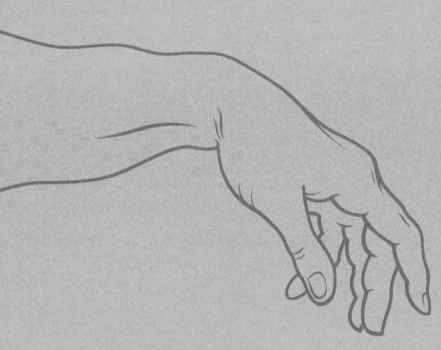

르우벤이 요셉을 죽이지 말자고 했음에도 유다는
"동생을 죽인 들 무슨 소용이냐?"고 묻는다.
르우벤이 나선 이후 형제들은 동생을 죽이지 않기로 했는데도 말이다.
여기서 유다의 논리가 성립하려면 구덩이에 사람이
일정 시간 이상 방치되면 목숨을 잃는다는 전제가 필요하다.
물론 르우벤은 동생을 죽이지 말자고 했지만, 전제가 옳다면 형제들은
요셉을 간접적으로는 죽여도 된다는 뉘앙스로 이해했을지도 모른다.
예컨대, 나단 선지자가 다윗 왕을 우리아의 살인범으로 몰아붙인 것과
비슷한 이치다. 알다시피, 다윗은 우리아를 직접 죽이진 않았다.

왜 현장에는
없었는가?

왜 현장에는
없었는가?

"그 잘난 요셉을 죽여 구덩이에 던지고 짐승이 잡아먹었다고 하자. 꿈의 결과가 어떨지 보면 재미가 쏠쏠할 거야." 요셉을 두고 모의가 시작되었다. 출애굽 기사의 발단이 되는 "입애굽기"의 막이 오른 것이다.

이때 맏형이 나선다. "생명은 해치지 말자. 피를 보지 말고 그냥 광야 구덩이에 던져버리자." 사실, 르우벤은 나중에 동생을 구출하여 아버지께로 돌려보낼 참이었다.

마침 문제의 주인공이 나타나자 형제들은 기다렸다는 듯, 요셉의 채색옷을 벗기고는 그를 구덩이에 던졌다. 구덩이 안은 텅텅 비어있었고 물은 없었다고 한다.

얼마 후 음식을 먹고 있던 그들은 애굽으로 내려가는 상인을 보게 된다. 유다가 입을 연다. "동생을 죽인 들 무슨 유익이 있겠냐? 그냥 저들에게 팔아넘기자. 요셉은 우리 동생이고, 혈육이니까." 모두들 수긍하는 분위기다. 누구도 이의를 제기하지 않았다. 결국 은 20냥에 팔린 요셉은 애굽으로 가고, 뒤늦게 돌아온 르우벤은 구덩이에 동생이 없는 것을 눈치채고는 옷을 찢는다(절규했다는 뜻으로 보인다). 이윽고 아우들에게 돌아온 르우벤, 동생이 없다며 "나는 어디로 갈까?" 하소연한다. 그들은 요셉의 채색옷을 가져다가 숫염소를 죽여 옷을 피에 적신 뒤 아버지에게 이를 보인다. 이때 야곱은 옷을 알아보고는 짐승의 소행으로 단정하며 괴로워한다. 미스터리한 사건은 여기까지다(창세기 37:20~33).

무엇이 난해한 미스터리인가? 앞서 추보식으로 묘사한 기사에서 석연치 않은 점이 보이는가? 아래는 필자가 궁금한 점을 열거한 것인데 공감할는지 모르겠다.

○ "구덩이는 비어있었고 그 안에 물은 없었다"고 묘사한 까닭은 무엇인가?

○ 르우벤은 애당초 요셉을 죽이지 말자고 했고, 형제들은 이에 수긍했다. 그렇다면 유다가 "동생을 죽인 들 무슨 유익이 있겠냐?"며 재차 말한 까닭은 무엇일까? 너무 생뚱맞지 않은가? 동생을 죽이자는 사람은 없었다.

○ "요셉은 우리 동생이고 혈육이니까 저들에게 팔아넘기자."라는 유다의 논리가 과연 타당할까? 혈육이자 동생이라면 건져내는 것이 당연한 처사가 아닐까?

○ 르우벤의 행방이 묘연하다. 그는 동생이 상인에게 팔렸다는 사실조차 전혀 모르고 있다. 도대체 어디에 있었던 것일까?

○ 동생이 없어졌는데, 왜 "나는 어디로 갈까?"라고 말했을까?

1. 구덩이는 비어있었고 물은 없었다

구덩이가 비어있었다면 물은 당연히 없었을 터, 그러니 "물이 없었다"는 말은 사족처럼 보인다. 왜 기자는 물이 없다는 점을 강조했을까? 구덩이는 요셉이 스스로 빠져나올 수 없을 만큼 깊었을 것이다.

라쉬를 비롯한 일부 주석가에 따르면, 구덩이에 물은 없었지만 뱀과 전갈은 있었다고 한다(라쉬, 샤보트 22a). 아마 그들은 "위험한 광야 곧 불뱀과 전갈이 있고, 물이 없는 간조한 땅을 지나게 하셨으며(신 8:15)"에서 힌트를 얻었을 공산이 크다.

그러나 람반의 견해는 달랐다. 성경은 형제들이 요셉을 익사시킬 의도가 전혀 없었다는 점을 강조한 것이라고 그는 주장했다. 즉, 물이 있었다면 그들은 구덩이에 던지지 않았을 거라는 이야기다. 요셉이 물에 빠져 죽기라도 하면 형제들은 그를 직접 죽인 꼴이 되기 때문이다(죽이지 말자는 합의와는 상반된다).

람반의 주장은 일리가 있다. 혹시라도 불뱀과 전갈이 있었다면 르우벤은 애당초 요셉을 구덩이에 넣자고 말하지 않았을 것이다. 미처 손을 쓰기 전에 동생이 뱀이나 전갈에 물려 죽을지도 모르니까 말이다.

르우벤이 요셉을 죽이지 말자고 했음에도 유다는 "동생을 죽인 들 무슨 소용이냐?"고 묻는다. 르우벤이 나선 이후 형제들은 동생을 죽이지 않기로 했는데도 말이다. 여기서 유다의 논리가 성립하려면 구덩이에 사람이 일정 시간 이상 방치되면 목숨을 잃는다는 전제가 필요하다.

물론 르우벤은 동생을 죽이지 말자고 했지만, 전제가 옳다면 형제들은 요셉을 간접적으로는 죽여도 된다는 뉘앙스로 이해했을지도 모른다. 예컨대, 나단 선지자가 다윗 왕을 우리아의 살인범으로 몰아붙인 것과 비슷한 이치다. 알다시피, 다윗은 우리아를 직접 죽이진 않았다.

3. "요셉은 우리 동생이고 혈육이니 저들에게 팔자."

"동생"과 "혈육"은 원어로 보면 각각 "우리의 형제(아히누)"와 "우리의 육체(버싸레이누)"라고 기록했는데, 그들의 형제와 육체 개념은 우리나라와는 사뭇 다른 듯싶다. 한 아버지에게서 태어난 동생과 혈육인데도 팔아넘기자는 뻔뻔한 말이 나오니 말이다.

이처럼 둘째 가라면 서러워할 철면피가 또 있을까?『창세기』에서 하나 더 찾아보자.

"너는 참으로 내 혈육이로다(창 29:14)"

한글성경은 내 "혈육"이라고 했지만 원전에는 "아쯔미 우버싸리 아타"라고 기록되어 있다. 즉, "너는 내 뼈요, 내 살이다(한마디로, 내 골육이라는 이야기)"라는 뜻인데, 공교롭게도 원문은 라반이 야곱에게 한 말이다. 알다시피 그는 야곱을 속여 14년간 자신의 일을 돕게 했다. 정말 뻔뻔하게 말이다!

4. 르우벤의 묘연한 행방

형제들은 함께 음식을 먹다가 상인들을 보았다고 한다. 하지만 르우벤은 현장에 없었다. 게다가 동생이 상인에게 팔렸다는 사실조차 모르고 있다는 점으로 미루어 형제들은 요셉을 팔았다는 사실을 그에게 밝히지 않았을 공산이 크다. 형이 화를 낼까봐 두려웠던 것일까? 르우벤은 왜 동생들과 함께 식사를 하지 않았으며, 도대체 어딜 갔던 것일까? 그는 분명 식사 전에 자취를 감추었고(그래야 전후 논리가 성립한다) 상인에게 동생이 팔리는 현장을 목격하지도 못했다.

구덩이가 깊었기에 동생을 끌어올리고, 상인과 가격을 흥정하고 요셉을 인도하는 데까지는 어느 정도 시간이 걸렸을 터인데 어쨌든, 르우벤은 요셉을 살리려고 구덩이에 왔다가 그가 없어졌다는 사실을 발견하고는 절망감을 이기지 못해 옷을 찢었다(슬픔을 대변).

그렇다면 구덩이 주변에는 형제들이 없었다는 이야기가 된다(있었다면 르우벤은 요셉을 구출하지 못할 테니까!). 즉, 그들은 구덩이와 멀리 떨어진 곳에서 밥(빵)을 먹었다는 것이다. 미드라쉬에 따르면, 르우벤은 금식을 위해 식사를 걸렀다고 한다. 야곱의 첩인 빌하와 동침한 죄를 회개하기 위해 자진해서 금식한 것이다. 현장에 없었던 까닭을 두고는 부친의 시중을 들어야 했기 때문이라고 미드라쉬는 말한다.

랍비 엘리에제르의 말마따나, 르우벤은 요셉을 구할 기회를 노리느라 매매현장에 없었을 가능성도 배제할 수는 없을 것이다.

5. "나는 어디로 갈까?"

구덩이에 요셉이 없어진 사실을 눈치챈 르우벤, 옷을 찢으며 동생들에게 와서는 아이가 없다고 말한다. 문득 아우들의 반응이 꽤나 궁금해진다. 요셉을 간접적으로 죽이자고 한 형이 이제 와서 옷까지 찢을 이유가 있을까 하며 시큰둥한 표정을 지었을지도 모르겠다.

이번에는 르우벤의 말을 어떻게 풀이해야 할지 살펴볼 차례다.

라쉬: "어디로 가야 아버지의 슬픔을 벗어날 수 있으랴!"

마하르샬: "아버지의 상심이 크실 테니 떠나는 수밖에는 없겠지만(책임이 가장 큰 장자로서) 대체 어디로 가야한단 말인가?"

랄바그: "요셉이 죽었다는 것을 입증할 증거도 없이 어떻게 아버지께 간단 말인가! 분명 아버지는 요셉이 납치되었다고 믿고 땅 끝까지라도 가서 동생을 찾아오라실 텐데……[88]."

허쉬: "무슨 면목으로 아버지께(집으로) 돌아간단 말인가!"

필자: "어디로 가야 요셉을 찾을 수 있을까?"

요셉은 구덩이에서 살려달라며 애걸복걸했지만 그들은 이를 무시해버렸다. 본문에는 르우벤이 형제들에게서 자초지종을 들었다는 기록이 없으나 『창세기(42:21~22)』를 감안해본다면 그가 사건의 전말을 들었다는 점은 어렵지 않게 짐작할 수 있다. 즉, 아우들은 르우벤이 요셉의 행방을 물었을 때 이실직고했다는 것이다.

> "그들이 서로 말하되 우리가 아우의 일로 말미암아 범죄하였도다. 그가 우리에게 애걸할 때에 그 마음의 괴로움을 보고도 듣지 아니하였으므로, 이 괴로움이 우리에게 임하도다. 르우벤이 그들에게 대답하여 이르되 내가 너희에게 그 아이에 대하여 죄를 짓지 말라고 하지 아니하였더냐? 그래도 너희가 듣지 아니하였느니라. 그러므로 그의 핏값을 치르게 되었도다 하니(창 42:21~22)"

깨알 미스터리:

왜 400명인가?

이번에는 이삭과 리브가와 에서 및 야곱이 후대에 남긴 수수께끼를 차근차근 풀어볼까 한다. 깊이 들어가지 않으면 어물쩍 넘어가도 누가 뭐라 하는 사람이 없겠지만, 필자의 궁금증을 자극하는 의문은 본문을 읽으면 읽을수록 당최 가실 기미가 보이질 않는다.

야곱은 장자권에 이어 모친 리브가의 계획으로 장자의 축복마저에서에게서 빼앗게 된다. 사실, 리브가는 "큰 자가 어린 자를 섬기리라(창 25:23)"는 계시를 실현할 요량으로 일을 꾸민 듯싶은데 그런 의미에서라면 리브가의 의도를 나쁘게 볼 수만은 없을 것이다.

"에서가 야곱을 미워하여 심중에 이르기를[89] 아버지를 곡할 때가 가까웠은즉 내가 내 아우 야곱을 죽이리라 하였더니(창 27:41)"

대개 심중에 말한다는 것은 머릿속으로 생각했다고들 이해하지만 본문은 그렇게 이해하면 모순이 생기고 만다. 죽이겠다는 말이 리브가에게 들렸다고 하니(창 27:42) 에서는 혼잣말을 좀 크게 했을 성싶다. 그리하여 리브가는 자초지종을 이야기해주고는 야곱을 삼촌 라반의 집으로 보낸다. 이때 이삭은 하나님께서 아브라함에게 하신 언약이 야곱에게 성취되길 바란다며 복을 기원해준다.

알다시피, 라반의 집에 이른 야곱은 라헬을 얻고자 7년을 헌신했다가 외삼촌의 '계략'으로 총 14년을 섬기게 된다. 애당초 이삭을 속여 본 경력이 있는지라 속임을 당하면 심정이 어떨지는 14년의 세월을 통해 야곱도 뼈저리게 느꼈으리라 짐작된다.

여기서 한 가지 의문이 생긴다. 왜 야곱은 십 수 년이 지났는데도 형이 화를 풀었을 거라고 생각지 않았을까? 사실, 소셜 네트워킹이 발달했더라면 야곱과 에서는 며칠 안에 상봉할 수도 있었으리라 본다.

에서: 어디야, 언제 와?

야곱: 죽일 거라며?

에서: 진짜 죽이겠냐 ……

야곱: 실은 어머니가 시킨 거야.

에서: 말해 뭣해. 지나간 일을 ……

야곱: 밧단아람에 가는 길인데 다시 돌아가지 뭐.

모친 리브가도 에서의 분노가 그리 오래가리라고는 생각지 않았을 것이다.

창세기의 미스터리

"네 형의 노가 풀리기까지 몇 날 동안 그와 함께 거주하라(창 27:44)."

"네 형의 분노가 풀려 네가 자기에게 행한 것을 잊어버리거든 내가 곧 사람을 보내어 너를 거기서 불러오리라. 어찌 하루에 너희 둘을 잃으랴 90)(창 27:45)."

야곱이 14년간 이삭과 리브가에게 돌아오지 않은 까닭은 사환이 그를 부르러 오지 않았기 때문일 것이다. 어쩌면 야곱은 라반과 있으면서 에서가 마음을 고쳐먹었다는 소식을 전해줄 사환을 기다렸을지도 모르나 메신저는 영영 오지 않았다.

그렇다면 에서는 동생을 죽이겠다는 생각을 끝내 버리지 않았을까? 단지 야곱의 행방을 몰라 잠자코 있었던 것일까?

"에서가 본즉 이삭이 야곱에게 축복하고 그를 밧단아람으로 보내어 거기서 아내를 맞이하게 하였고 또 그에게 축복하고 명하기를(창 28:6)"

본문에 따르면, 에서는 이삭이 야곱에게 축복한 것과 그가 밧단아람으로 갈 거라는 사실을 봤다고 한다. 즉, 동생이 어디로 갈지 알고 있었다는 이야기다. 부모님 앞에서는 동생을 죽일 수 없다고 쳐도 어디로 갈지 빤히 아는데 갑자기 귀찮아지기라도 한 것일까? 마음만 있으면 얼마든지 야곱을 추격해서 죽일 수도 있었을 것이다.

예컨대, 『창세기』 31장 20~23절에서 라반은 야곱이 조용히 자취를 감춘 사실을 알게 되자 그를 찾아내기 위해 길르앗 산까지 7일 길을 쫓아가지 않았던가. 이를 감안해볼 때, 에서의 분노가 아주 풀어졌다고 단정할 수는 없겠지만 살의를 떨쳐버리지 못할 만큼 감정이 격해있진 않았을 것이다.

리브가의 행적이 묘연하다는 사실도 곱씹어볼 점이다. 에서가 마음을 추슬렀다면 분명 사환을 보내었을 터인데 리브가는 그러지 않았다. 왜일까? 혹시라도 에서의 마음이 풀렸다고 판단하기 전에 세상을 떠난 것은 아니었을까? 리브가가 몇 세에 죽었는지 알면 이 같은 의문은 어느 정도 풀리겠지만 아쉽게도 리브가의 죽음을 두고는 이렇다 할 정보가 없다(성경을 이 잡듯 살펴봐도 당최 찾을 수가 없었다!).
에서의 분노가 십 수 년째 사그라지지 않았다고 가정한다면 야곱이 에서에게 사환을 보냈을 때 그가 전달한 대목도 왠지 석연치가 않다.

> "사자들이 야곱에게 돌아와 이르되 우리가 주인의 형 에서에게 이른즉, 그가 400명을 거느리고 주인을 만나려고 오더이다(창 32:6)"

에서는 400명을 거느리고 온다고 한다. 작은 성읍을 공격한다면 또 모를까, 야곱을 죽이는 데 400명이나 필요할까? 게다가 에서는 야곱을 "죽이러"가 아니라 "만나러" 오겠다고 분명히 밝혔다. 아직도 죽일 마음이 가시지 않았다고 보기는 심히 어렵다는 이야기다. 그럼에도 야곱은 죽음의 두려움에 몸살을 앓고 있다.
마침내 에서와 만나게 된 야곱은 "그들 앞에서 나아가되 몸을 일곱 번 땅에 굽히며 에서에게 가까이 가자(창 33:3)" 에서는 달려와 그를 얼싸안고는 입을 맞추며 눈물을 흘렸다고 성경은 말한다. 절을 하며 간 까닭에 묵혀질 대로 묵혀진 분통이 가셨다는 이야기인가? 혹시라도 절을 하지 않았다면 야곱을 죽였을까?

에서는 오래 전부터 동생을 보고 싶어 했을 것이다. 사환에게서 야곱의 소식을 들었을 때는 어땠을까? 십 수 년 만에 동생과 상봉할 것을 생각하니 가슴이 뭉클해졌을지도 모르겠다. 두 형제의 눈물이 이산가족의 깊은 아픔을 대변한 것은 아닐까?

깨알 미스터리:

시력이 나쁘다?

"레아는 시력이 약하고 라헬은 곱고 아리따우니(창 29:17)"

　형 결혼식에 참석차 전세버스에 올라탔는데 옆자리에 마침 한 권 사님(성은 '배'씨다)이 앉으셨다. 오랜만에 뵙는지라 반가워 서로의 안부를 물으며 이런저런 담화를 나누었다. 그러다 레아 이야기가 나왔다. 왜 나왔는지는 가물가물하지만, "시력이 약했다"는 필자의 말에 배권사님은 '그런가?'라며 고개를 갸우뚱했다. 같은 구절이라도 교역자나, 평소 들은 바가 다르다보니 대수롭지 않아 보이는 "시력"을 두고도 생각이 같지 않았던 것이다.

　솔직히 "시력"은 좀 이해하기가 쉽지 않았다. 아마 정신을 집중해서 성경을 읽은 독자라면 누구나 그랬으리라 본다. 레아와 라헬의 비교 대상이 달라 생뚱맞게 들리기 때문이다.

"레아의 집은 아주 크고 라헬의 집은 하얀색이다."
"레아의 차는 럭셔리 세단이지만 라헬의 차는 거무튀튀하다."

어떤가? 가슴에 와 닿는 문장인가? 교역자들도 그 점이 석연치가 않았는지 "레아는 시력이 나빠서 눈을 자주 찡그려 주름이 있었을 것"이라고 짐작키도 했다(얼굴이 못생겼다는 점으로 연결시키려는 노력이 엿보인다). 어쨌든 곱고 아리따운, 라헬의 외모가 비교 대상이라면 레아도 외모를 묘사해야 사리에 맞을 것이나 공교롭게도 "시력"으로 번역된 곳은『창세기』29장 17절 뿐인 데다 일부 주석 성경이나 원전 주석도 의미가 모호하다고 밝히고 있어 해명하기가 쉽진 않을 듯싶다. 사실 본문의 시력은 직역하자면 "눈eyes"이라 해야 옳다.

버에이네이 / 레이아 / 라코트
그리고 ~의 눈들은 / 레아 / 라코트했다(창 29:17a)

구약에서는 노안 등으로 시력이 약화되는 것을 가리켜 "눈이 어두워졌다"라거나 "흐려졌다"고 표현하며 히브리 단어는 "라코트"가 아니라 "하샤크(어둡다)"나 "로 야홀 리르오트(잘 볼 수가 없다)"라는 어구를 쓴다. "라코트"의 기본형은 "라흐"인데 용례를 살펴보자면, 『창세기』33장 13절에서는 "(자식들이) 연약하다frail, tender"는 의

미로, 『잠언』25장 15절에서는 "부드럽다soft"는 뜻으로 쓰였다. 즉, 라헬의 눈이 '부드럽다'거나 '연약하다'고 해야겠지만 왠지 알쏭달쏭하고 와 닿지도 않는다(라코트에는 "젖었다"는 뜻도 있다). 참고차 탈무드(바바 바트라 123a)와 랍비 문헌(미드라쉬)에서 묘사된 라헬의 눈을 몇 가지만 인용해볼까 한다.

> "라헬의 눈은 촉촉이 젖어있었다. 사악한 에서와 백년가약을 맺을지도 모른다는 생각에 속눈썹이 빠질 때까지 펑펑 울어댔기 때문이다. 즉, 눈이 약하다는 것은 단점이 아니라 고매한 영성의 일면이었던 것이다."

> "레아는 눈물로 기도하곤 했다. '부디 사악한 자[에서]의 기업으로 전락하지 말게 하소서'라고 애원한 것이다. 그러자 (애당초, 에서의 아내가 되리라는) 운명이 취소되었다."

> "기자는 레아가 아름답지 않았다는 점을 기술한 것이 아니다. 레아는 눈이 부드러운 반면, 라헬은 이목구비할 것 없이 모두가 아름다웠다."

아울러 람반은 레아의 시력이 약하고 자외선에 민감했기에 양을 돌볼 수가 없었다고 한다. 대개 영역본은 눈(시력)이 약했다고 옮긴 반면[91] NRS(표준새번역 개정판)은 "Leah's eyes were lovely(레아의 눈은 예뻤다), and Rachel was graceful and beautiful(그리고 라헬은 우아하고 아름다웠다)."라고 번역했다. 옛 유대 문헌에 근거를 둔 까닭이 아닐까 싶다.

창세기의 미스터리

레아의 눈을 둘러싼 미스터리는 여전히 베일에 싸여있지만 한 가지 분명한 사실은 "시력이 나쁘다"고 이해하기에는 무리가 있다는 것이다. 눈이나 시력보다는 "눈매"라고 옮기는 편이 더 낫지 않을까?

접속사에서도 힌트를 얻을 수 있으나 히브리 단어(버)에는 '순접'과 '역접'을 병행할 수 있으니 어쩔 수 없이 경우의 수를 따져봐야 할 것 같다.

버라헬 / 하여타 / 여파트토아르 / 바이파트 / 마르에
그리고(혹은 그러나) 라헬은 / ~였다 / 아름다운 몸매
그리고 아리따웠다 / 보기에

(접속사) + 라헬은 몸매가 아름다웠고 눈으로 보기에도 아리따웠다(창 29:17b)

* 접속사가 순접(그리고)일 때 — 레아는 눈이 예뻤다고 해야 옳다
* 접속사가 역접(그러나)일 때 — 레아는 눈이 못생겼다고 봐야 한다

그런데 후반절을 살펴보니 석연치 않은 점이 눈에 띈다. 기자는 라헬의 용모를 묘사하면서 "아름답다(야페)"를 두 번이나 썼다. 그냥 "예뻤다"고 해도 될 터인데 그것만으로는 직성이 풀리지 않았을까? 혹시라도 레아의 눈매와 모종의 관계가 있는 것은 아닐까?

라헬은 ①몸매가 아름다웠고, ②눈으로 보기에도 아름다웠다고 한다. 눈으로 보기에도 아름답다? 솔직히 매력은 몸매만으로 완성되

진 않는다는 점에서 성경은 꽤 과학적이고 합리적이다. 필자가 이에 공감하는 까닭은 몸매는 괜찮은데 눈으로 보기에는 좀 '아닌' 사람을 더러 봤기 때문이다. 즉, 성경이 말하는 두 매력 포인트는 몸매와 얼굴일 공산이 크다는 이야기다. 몸매의 라인이 살고 얼굴이 영화배우 뺨친다면 누가 싫어하랴 …… (그리고 왜 내 앞에는 나타나지 않는 것인가!).

한 가지 흥미로운 사실은 "요셉은 용모가 빼어나고 아름다웠더라 (창 39:6)"에서도 같은 단어를 두 번 썼다는 것이다. 요셉도 몸매와 얼굴이 남성답게 "핸섬handsome"했다는 말이다.

> "레아의 눈매는 ○○○" 그리고 "라헬은 몸매도 아름답고 얼굴도 예뻤지."
> "레아의 눈매는 ○○○" 하지만 "라헬은 몸매도 아름답고 얼굴도 예뻤지."

레아는 "눈매"만 나왔으나, 라헬은 몸매와 얼굴이 함께 나왔다면 논리상 "그리고"는 어울리지 않을 것 같다. 숫자부터 차이가 나기 때문에 "그러나/하지만"으로 둘의 차이를 구분해야 타당할 것이다.

> "레아는 (다 예쁘지만) 눈매는 별로다." 하지만 "라헬은 몸매도 좋고, 얼굴(눈매)도 예쁘다."
> "레아는 눈매만 예쁘지 (몸매는 영 아니다)." 하지만 "라헬은 몸매도 좋고 얼굴(눈매)도 예쁘다."
> "레아는 눈매가 영 아니고 (몸매도 형편없다)." 하지만 "라헬은 몸매도, 얼굴(눈매)도 예쁘다."

필자의 논리가 옳다면 이 셋 중에 답이 있을 것이다.

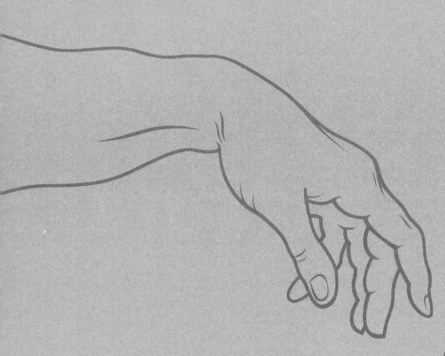

시험에는 윤리 및 도덕적이든, 신학적이든 선을 지향해야 한다는 제가 내포되어있다.

예컨대, 화를 참는 것이 "선"이라면 분을 참지 못해 욕설을 퍼붓는 것은

"악"에 해당되므로 시험을 이기려면 이를 억눌러야 한다는 이야기다.

선악의 기준이 없다면 굳이 살인이나 절도 등의 의지를 애써 꺾을 필요가 없을 테니

시험은 성립하지 않을 것이다. 게다가 기준을 어디에 두느냐에 따라

시험의 성패가 갈리기도 한다.

이를테면, 모리아 땅의 사건에서 아브라함은 이삭을 죽이지 않는 것이

 도덕적으로는 옳지만(선) 하나님 입장에서는 불순종인 까닭에

악이 성립된다는 것이다.

하나님은
왜 시험하시는가?

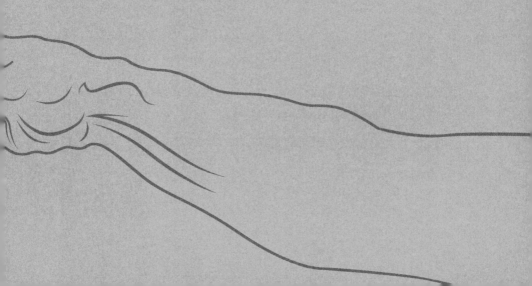

하나님은
왜 시험하시는가?

"사람이 시험을 받을 때에 내가 하나님께 시험을 받는다 하지 말지니,

하나님은 악에게 시험을 받지도 아니하시고 친히 아무도 시험하지 아

니하시느니라(야고보서 1:13)"

"그 일 후에 하나님이 아브라함을 시험하시려고 그를 부르시되 (창세기

22:1)"

시험은 성경에서 적잖이 쓰이지만 이를 모두 일괄적으로 풀이하

면 도통 이해할 수도 없거니와 앞뒤가 맞지 않아 보이는 경우도 비

일비재하다. 예컨대, 앞서 인용한 두 구절도 내용이 상반된다는 점으

로 미루어 기자는 시험에 대해 전혀 다른 의도로 쓴 듯싶다. 시험은

개념을 이해하기가 쉽지 않다.

시험에는 윤리 및 도덕적이든, 신학적이든 선을 지향해야 한다는 전제가 내포되어있다. 예컨대, 화를 참는 것이 "선"이라면 분을 참지 못해 욕설을 퍼붓는 것은 "악"에 해당되므로 시험을 이기려면 이를 억눌러야 한다는 이야기다. 선악의 기준이 없다면 굳이 살인이나 절도 등의 의지를 애써 꺾을 필요가 없을 테니 시험은 성립하지 않을 것이다. 게다가 기준을 어디에 두느냐에 따라 시험의 성패가 갈리기도 한다. 이를테면, 모리아 땅의 사건에서 아브라함은 이삭을 죽이지 않는 것이 도덕적으로는 옳지만(선) 하나님 입장에서는 불순종인 까닭에 악이 성립된다는 것이다.

그렇다면 하나님은 왜 인간을 시험하실까?

엄밀히 하나님은 사람을 시험하실 필요가 없다. 한 율법사가 예수를 상대로 그러했듯이 시험에는 '상대가 어떻게 처신할지 모른다(두고 본다)'는 전제가 깔려있다. 하지만 하나님은 이스라엘 백성의 수백 년 이후까지도 얼마든 내다볼 수 있는 전지전능한 분이 아닌가!

설마 아브라함이 이삭보다 하나님을 더 사랑하는지 몰라서 그를 시험하셨겠는가? 가령 A와 B라는 길이 있다고 치자. 어느 크리스천 앞에 이 같은 갈림길이 놓여있을 때 그가 A로 갈 거라는 사실을 빤히 알고 있는데도 "B로 가라"고 말씀하신다면 시험이 성립될까?

하나님: B로 가거라!

크리스천: (A를 선택하며) A로 갈래요.

하나님: 내 그럴 줄 알았지.

크리스천: 그걸 아시면서 왜 B로 가라고 하신 겁니까?

물론 크리스천에게는 자유의지가 있다. 두 길 중 하나를 선택하는 것은 전적으로 크리스천의 생각에 달려있을 것이다. 평소에 갈림길을 만났을 때 A로 갈 수도 있지만, 그렇다고 B로 갈 수 없는 것도 아니다. 하지만 하나님이 B로 가라신다면 이야기가 달라진다. 하나님은 크리스천이 어느 길을 택할지 아시기 때문에 시험이 무색해지기 때문이다. 결과를 알고 크리스천에게 시험하는 것이 과연 시험일까? 하나님이 빤히 아시는 결과를 인간이 자유의지로 바꿀 수 있을까?

람밤: "아케이다" 기사는[92] 신앙의 두 가지 원리를 담고 있습니다. 첫째는 하나님을 경외하라는 것입니다. 아브라함은 100세에 아들을 얻고 큰 민족의 아비가 될 거라는 약속을 듣게 됩니다. 그러니 이삭을 얼마나 애지중지 키웠겠습니까? 하지만 그를 바치라는 명령이 떨어지자 그는 모든 기대를 접고 하나님의 명령에 순복했습니다. 하나님이 벌을 내리실까 두려워서가 아니라 하나님을 사랑하고 경외하는 것이 인간의 도리였기 때문에 명령을 따른 것입니다. 그래서 천사가 "이제야 네가 하나님을 경외하는 줄을 안다"고 말한 것이지요. 즉, 아브라함은 하나님을 경외하는 사람이라는 점이 입증되었기에 이 사건을 계기로 이스라엘 백성들은 하나님을 어느 정도까지 경외해야 하는지를 아브라함에게서 배우게 될 거라는 이야기입니다.

두 번째 원리는 선지자라면 진리의 원칙이 아무리 행하기 어려운 것이더라도 의심을 모두 버리고 이를 확신할 수 있어야 한다는 것입니다. 사랑하는 이삭을 번제로 바치라는 명령은 그가 본 하나님의 비전을 믿지 못했다면 실천은 불가능했을 테니까요.

아바르바넬: 영혼이 불멸하다는 점과, 영적인 상급을 굳게 믿어야 한다는 세 번째 원리도 추가해야 하지 않을까요? 이 같은 믿음이 없었다면 아브라함은 이생의 상실감을 못 이겨 아들을 바치지 못했을 겁니다. 하지만 내세를 믿었기 때문에 행위의 결과는 덧없이 사라진다는 점을 의식하고 있었으리라 짐작됩니다.

람반: 결과에 대한 책임은 당사자가 감당해야 하므로 '시험'이라는 개념은 시험을 받는 자의 입장에서 생각해야 할 듯싶습니다. 하나님은 시험의 결과를 다 아시지만, 그럼에도 주님은 인간의 잠재력을 실현하여 '행위를 보상받게' 하려고 시험하시는 것입니다. 또한 하나님은 진심으로 순종하리라 믿는 의인만 시험하신다는 점도 눈여겨봐야 합니다. 주께서는 그의 의로움을 세상에 알리고 싶어서 시험을 허락하시는 반면, 당신의 명령에 순응하지 않을 악인은 하나님이 시험치 않으신다는 것입니다. 또한 성경에 기록된 모든 시험은 이를 감당하는 사람의 유익을 위한 것이라 봅니다.

그렇다, 모리아 땅에서의 시험은 가까이서 보면 하나님의 말씀을 앞둔 아브라함의 심정 곧, 독자를 버려야 하는 아버지의 심정을 읽게 하고, 멀리서 보면 순종으로써 하나님을 경외하는 아브라함이 후대

백성에게 귀감을 주는 사건이 된다.

한편, 미드라쉬는 "여호와는 의인을 감찰(혹은 시험)하시고(시편 11:5)"를 빗대어 설명할 요량으로 옹기장이는 결함이 있는 그릇은 검사하지 않는다고 한다. 이를테면, 고객에게 그 강도를 증명해보이지 않는다는 이야기다. 단번에 깨질 것이 분명하기 때문이다. 그러니 몇 번을 두드려도 깨지지 않는 옹기를 검증해야 사려는 마음이 생길 것이다. 랍비 엘라자르Elazar의 가르침도 이와 맥락이 같다. "주인에게 소 두 마리가 있다고 칩시다. 한 녀석은 건강하고, 한 녀석은 파리한 데다 허약하기 그지없다면 누구에게 멍에를 씌우겠소? 당연히 건강한 소겠지요. 이처럼 하나님도 의인이 아니면 시험하지 않으신답니다."

미드라쉬의 기록이 옳다면 "하나님이 날 시험한다"는 것과 『야고보서』에 기록된 "시험"은 서로 성격이 다르다고 볼 수 있겠다. 앞서 인용한 구절에 이어 야고보는 "오직 각 사람이 시험을 받는 것은 자기 욕심에 끌려 미혹되는 것"이라며 시험을 둘러싼 단서를 내비쳤다. 그렇다면 전후 문맥에 비추어볼 때 '시험'은 유혹과 미혹 혹은 시련 등 다양한 해석이 가능할 터이나, 하나님 입장에서 "유혹"이나 "미혹"은 성립되지 않을 것이다.

창세기의 미스터리

깨알 미스터리:

왜 요셉을 죽이지 않았을까?

그 후에 그의 주인의 아내가 요셉에게 눈짓하다가 동침하기를 청하니 …… 여인이 날마다 요셉에게 청하였으나 요셉이 듣지 아니하여 동침하지 아니할 뿐더러 함께 있지도 아니하니라. 그러할 때에 요셉이 그의 일을 하러 그 집에 들어갔더니 그 집 사람들은 하나도 거기에 없었더라. 그 여인이 그의 옷을 잡고 이르되 나와 동침하자 그러나 요셉이 자기의 옷을 그 여인의 손에 버려두고 밖으로 나가매, 그 여인이 요셉이 그의 옷을 자기 손에 버려두고 도망하여 나감을 보고(창 39:7~13)

그 여인의 집 사람들을 불러서 그들에게 이르되 "보라, 주인이 히브리 사람을 우리에게 데려다가 우리를 희롱하게 하는도다. 그가 나와 동침하고자 내게로 들어오므로 내가 크게 소리 질렀더니, 그가 나의 소리 질

러 부름을 듣고 그의 옷을 내게 버려두고 도망하여 나갔느니라." 하고
(14~15)

그의 옷을 곁에 두고 자기 주인이 집으로 돌아오기를 기다려 이 말로 그
에게 말하여 이르되 "당신이 우리에게 데려온 히브리 종이 나를 희롱하
려고 내게로 들어왔으므로 내가 소리 질러 불렀더니 그가 그의 옷을 내
게 버려두고 밖으로 도망하여 나갔나이다(16~18)."

그의 주인이 자기 아내가 자기에게 이르기를 당신의 종이 내게 이같이
행하였다 하는 말을 듣고 심히 노한지라. 이에 요셉의 주인이 그를 잡아
옥에 가두니 그 옥은 왕의 죄수를 가두는 곳이었더라. 요셉이 옥에 갇혔
으나(19~20)

이번 깨알 미스터리의 주인공은 르우벤의 아우 요셉을 '섭외'했다.
알다시피 요셉은 보디발 장군의 아내가 유혹하자 이를 뿌리쳐 누명
을 쓰게 되는데 성경의 뜻을 깊이 묵상하는 독자라면 요셉에 대한
장군의 반응도 쉽게 와 닿지는 않았을 것이다.
　당시 요셉의 신분은 노예였다. 그럼에도 장군은 그가 아내를 희롱
하려 했다는 말을 듣고도 요셉을 죽이지 않았다는 점이 신기하고, 평
민을 가두는 감옥이 아닌 왕의 죄수를 가두는 감옥에 노예(요셉)를
투옥시켰다는 기록 또한 석연치가 않다.

　　　　　　　　　　　　　　　창세기의 미스터리

왜 그녀는 집에 있는 사람들을 불렀을까?

장군의 아내는 요셉이 옷을 자기 손에 버려두고 도망하자, 우선 사람들을 모아 거짓말을 늘어놓는다. 왜 집안사람들을 불러 모았을까? 속담에 "도둑놈이 제 발 저린다."라는 말이 바로 여기에 적용되는 것은 아닐까?

남편이 믿어주지 않을 수도 있다는 생각에 제 편을 여럿 심어둘 요량으로 그랬거나, 요셉이 도망하면서 집안사람에게 이실직고했을지도 모른다는 마음에 그 사실을 불식시키기 위해 위증을 일삼았을 것이다(스포르노).

그녀의 증언은 그때그때 달랐다

저자(모세)가 묘사한 기록에 따르면, 그녀가 사람들에게 토로한 증언과 보디발에게 직접 털어놓은 증언은 좀 달랐다. 객관적인 사실과 증언을 각각 비교해보라.

기자의 증언: 실은 그녀가 요셉을 꼬드긴 것이다. 하지만 요셉은 그녀의 말을 듣지도 않았고, 동침도 하지 않았을 뿐 아니라 함께 있지도 않았다. 당일 요셉이 업무차 장군의 집에 들어갔을 때 집 사람들은 하나도 없었다. 이때 여인이 옷을 잡으며 "동침하자"며 꼬드기지만 요셉은 옷을 그 여인의 손에 버려두고 밖으로 나간다.

집안 사람들에게 폭로한 증언: "주인이 히브리 사람을 데려다가 우리를 희롱
하게 하더라. 그가 나와 동침하려고 들어왔기에
내가 크게 소리를 지르자 제 옷을 내게 버려두
고 도망하며 나가더라."

보디발에게 폭로한 증언: "당신이 우리에게 데려온 히브리 종이 나를 희롱하려
고 내게로 들어왔으므로 내가 소리 질러 불렀더니, 그가
그의 옷을 내게 버려두고 밖으로 도망하여 나갔나이다."

사람들에게는 요셉이 동침하려고 들어왔다고 했지만 보디발에게
는 희롱정도로 수위가 낮아진 듯싶다. 게다가 그녀는 주인이 데려온
히브리 사람이 그녀를 비롯한 집안사람을 희롱하려했다고 털어놓
은 반면, 남편에게는 자기를 희롱하려 했다며 말을 바꾸었다(동침 이
야기는 꺼내지도 않았다). 아무래도 사람들의 심기를 건드려 요셉과의
관계를 흩뜨려 놓으려는 간계가 작용했다고 봄직하다. 엄밀히 희롱
과 동침은 개념이 아주 다르다. 따라서 보디발은 요셉이 아내를 겁탈
하려 했다고는 생각지 않았을 수도 있다.

왜 보디발은 화를 내면서도 요셉을 죽이지 않았으며, 왕의 죄수를 가두는 감옥에 그를 투옥시켰을까?

유대인들은 "화를 낸다"는 뜻으로 "코(혹은 콧구멍)가 탄다(바이하

창세기의 미스터리

르 아포)"는 관용어를 쓴다. "코가 길다"고 하면 "화를 잘 참고 인내력이 강하다"는 의미가 된다.

분명 보디발은 아내의 위증에 화가 났다. 그가 화를 냈다는 점은 부인할 수 없는 사실이다. 그런데 문제는 누구에게 화를 냈는지가 분명치 않다는 것이다. 당연히 요셉에게 화를 냈으리라 단정한다면 아내를 희롱한 죄목으로 노예를 죽이지 않았다는 것과, 왕의 죄수나 가는(급이 다른) 감옥에 그가 투옥되었다는 것은 논리상 가당치가 않다. 보디발이 아내에게 화를 낸 것은 아닐까? 또 다른 까닭이 있다면 무엇일까?

이븐 에즈라: 당연히 요셉에게 화를 낸 겁니다. 하지만 요셉을 총애했기 때문에 죽이지 않았을 수도 있고, 그때 기적이 일어났을 수도 있고 그렇지 않다면, 아내의 진술을 의심해서 그를 살려두었을지도 모릅니다.

얄쿠트: 보디발은 요셉을 죽이려 했으나, 마침 딸 아스낫이 찾아와서는 요셉이 무고하다는 사실과 자초지종을 구체적으로 이야기했습니다. 그 덕분에 아스낫은 요셉과 결혼할 수 있었지요.[93]

스포르노: 보디발은 아내에게 화를 낸 겁니다. 희롱이나 하라고 히브리 종을 집안에 끌어들였다는 그녀의 불만에 심기가 불편했던 것이죠.

말빔: 요셉에게 더 이상 가정 일을 맡길 수 없다는 사실에 분통이 터진 겁니다.

분노의 대상을 둘러싼 가능성이 다양한 만큼 왕의 죄수만 가는 감옥에 요셉이 옥살이를 하게 되는 경위 또한 경우의 수가 한 가지로 딱 떨어지진 않을 듯싶다. 요셉을 총애하는 보디발이 자신의 권한으로 비교적 안전한 곳에 그를 넣어둔 것은 아닐까? 왕의 죄수 전용인 만큼 일반 감옥과는 대우나 형편이 분명 다를 것이다.

물론 요셉을 둘러싼 사건의 '숲'을 보자면 이야기는 달라질 수도 있다. 즉, 요셉이 총리로 등극하여 기근을 막고 "입애굽기"의 입지를 다져놓기 위한 과정에 하나님이 개입하셨다고 봄직도 하다는 이야기다.

왕의 술을 맡은 관원장이 요셉을 기억한 덕분에(창 41:9~10) 히브리 역사가 순조롭게 이어질 수 있었다는 점에서 요셉은 하나님의 각본(섭리)대로 특별한 감옥에 투옥되었다. 그가 일반 감옥에 갇혔다면 역사는 어떻게 달라졌을까(그래도 결과는 하나님의 섭리대로 흐를 것이다)?

변순복

대한신학대학교 고려신학대학원을 졸업했다. 베다니 신학대학 신학사 과정과 써든 캘리포니아 바이블 칼리지 앤 세미나리에서 신학 석사와 철학박사 과정을 마쳤다. 유대교 랍비 대학원에서 유대교 회당의 랍비가 되는 과정과 유대교 관련 과목인 성경, 탈무드, 미쉬나, 미드라쉬, 히브리언어와 문학 그리고 철학, 유대교 교육 등을 가르치는 교사가 되는 과정을 수료했다. 사역으로는 미국의 린다 비스타 신학대학과 유니온 신학대학, 베데스다 신학대학교에서 성경원어 및 구약과목을 가르쳤다. 또한 성경탈무드연구소 책임연구위원으로 활동하고 있으며 현재 그는 백석대학교 기독교학부 구약학 교수로 재직중이다.

이용호

서울신학대학교 신학과(B.A)와 동 대학원(M.A)을 졸업하였으며, 경북 김천에서 5년간 목회를 한 후에 독일 본(Bonn) 대학의 W.H.Schmidt 교수의 지도하에 신학 박사(Dr. Theol.) 학위를 취득하였다. 현재 서울 신학 대학교 신학과 교수로 재직 중이며, 동 대학의 고전어 선임 디렉터Director로 활동 중이다. 저서로는 『히브리어의 구문론과 문장론(바울)』과 『하나님의 자유(프리칭 아카데미)』 등이 있다.

제임스 L. 쿠걸 James L. Kugel

이스라엘 바르 일란 대학Bar Ilan University 유대성서/역사협회the Institute for the History of the Jewish Bible 회장이자 하버드 대학 해리 M. 스타Harry M. Starr Professor 명예교수인 제임스 쿠걸은 제2성전 기간을 중심으로 성경과 고대 주석가에 대한 논문을 다수 발표했다. 편저작을 포함한 도서는 약 16권.

특히 2001년에 출간된 『모세오경Bible As It Was』은 루이빌 대학/루이빌 장로회신학교the University of Louisville and the Louisville Presbyterian Theological Seminary가 수여하는 그라베마이어 상Grawemeyer Award(종교 부문)을 받았다. 주최측은 "인간과 신의 관계에 대한 이해를 도울 수 있는, 독창적이며 탁월한 저작"이라는 평을 내놓은 바 있다. 1997년 하버드 대학 출판부에서 출간된 『모세오경』에 이어 2007년에는 『구약성경 개론How to Read the Bible』이 유대출판위원회the Jewish Book Council가 선정하는 '올해의 유대서적'으로 꼽히기도 했다. 최근작은 『음침한 골짜기에서In the Valley of the Shadow』(2011년). 제임스 쿠걸 교수는 '정통주의 유대인'으로 알려져 있다.

아케이다트 이츠학 Akedas Yitzchak

랍비 이츠학 b. 모쉐 참조

라쉬 Rashi

랍비 슐로모 b. 이츠학 참조

쿠자리

키타브 알쿠자리 참조

스포르노 Obadiah ben Jacob Sforno
(오바댜 스포르노Obadja Sforno)

이탈리아 출신 랍비로 성경주석가이자 철학자 겸 의사. 1475년경 체제나 Cesena에서 태어나 1550년 볼로냐에서 사망했다. 고향에서 히브리어와 랍비문학, 수학 및 철학에 해박한 지식을 습득한 후 로마로 건너가 의학을 공부했다. 현지에서 학업에 열중한 끝에 학자 중에서도 높은 지위를 얻었고, 독일의 인문주의자 로이힐린Reuchlin이 로마에서(1498-1500) 히브리 문헌에 대한 지식을 보완하고 싶어 할 때 도메니코 그리마니 추기경Cardinal Domenico Grimani이 스포르노를 찾아가보라고 말했다고 한다.

랍비 메이르 즐로토비츠 Rabbi Meir Zlotowitz

랍비 메이르 즐로토비츠는 랍비 모쉐 파인스타인Moshe Feinstein(메시브타 티퍼레트 예루살렘)의 제자였다. 졸업 후에는 뉴욕에 자리 잡은 최신 그래픽 스튜디오의 대표가 되었다. 본사는 아트스크롤 스튜디오ArtScroll Studios로 브로슈어와 초대장 및 상패 등을 제작해왔다. 지인의 추천으로, 예시바 칼린 스톨린 보로 파크Yeshiva Karlin Stolin Boro Park 교장으로 재직중이던 랍비 노손 쉐르만 Rabbi Nosson Scherman을 작가로 등용한 즐로토비츠는 그와 몇 가지 프로젝트를 함께 작업키도 했다.

키타브 알쿠자리 The Kitab al Khazari(쿠자리)

중세 스페인 유대 철학자 겸 시인인 랍비 여후다 할레비Rabbi Yehudah haLevi가 집필한 작품 중 하나로 1140년경에 완성되었다. 제목은 아랍어로 "하자스의 책Book of the Khazars"이란 뜻이며 "멸시당한 종교를 변호하는 증거와 논박의 책"이라는 부제가 붙었다.

미드라쉬 탄후마 Midrash Tanhuma

오경 이야기를 모은 세 가지 선집에 붙인 제목으로, 둘은 현존하나 세 번째 모음집은 인용문을 통해서만 알려져 왔다. 이 미드라쉬에는 랍비 탄후마의 이름이 인쇄되어있지만 그가 편집 혹은 집필했다고 단정할 수는 없다. 그가 지어낸 설교가 일부 포함되었다거나(서론을 보면 "랍비 탄후마는 이렇게 시작한다"거나 "랍비 탄후마의 설교는 이렇다"고 기록되어있다), 랍비 탄후마의 스타일을 따르는 교사의 설교가 들어있다는 이유로 그의 이름이 붙여졌을 공산이 크기 때문이다. 물론 랍비 탄후마가 설교집을 보전하고 미드라쉬 편집자들이 이를 활용했을 개연성도 있다. 세 설교집은 집대성한 시기가 각각 다르므로 편집 연대를 감안하여 취급했을 것이다.

랍비 슐로모 b. 이츠학 Rav Shlomo ben Yitzchak(라쉬)

성경과 탈무드의 대표 주석가. 1040년 프랑스 트루아에서 태어났다. 전승에 따르면, 라쉬의 뿌리는 랍비 요하난 하산들라와 다윗 왕에게까지 거슬러 올라간다고 한다. 라쉬 주석의 정점은 단연 탈무드 주석이다(백과사전을 방불케 하는 탁월한 저작이다). 이 주석이 탈무드를 연구하는 모든 이에게 끼친 영향력은 가히 견줄 대상이 없을 것이다. 라쉬의 주석은 봉인되었을 법도 하지만 일반에 공개되어왔다. 그의 주석이 없었다면 누구도 '탈무드의 바다'를 항해할 순 없었을 것이다. 구구절절이 정확하고 함축적인 의미가 내포되어있다. 그의 탈무드 텍스트는 대개 스탠다드 에디션으로 도입되었다가 공인 텍스트가 되었다.

〈성경 코멘터리Commentary to the Bible〉도 분명하고 간결한 까닭에 발행된 성경에 거의 수록될 정도로 영향력이 대단했다. "라쉬 학교"에서 발행된 할라하 문헌은 대다수가 전수되어왔다. 이를테면, 〈세페르 하오라Sefer haOrah〉와 〈세페르 하파르데트Sefer haPardes〉, 〈마흐조르 비트리Machzor Vitry〉, 〈시두르 라쉬Siddur Rashi〉 및 회답서가 있다. 그는 1105년 타무즈Tammuz 월 29일에 사망했으며 매장지는 알려지지 않았다.

랍비 이삭 b. 모쉐 Rav Yitzchak b. Moshe(1420~1494)

스페인 출신 랍비이자 철학자 겸 설교자. 그는 대부분의 작품을 집필했던 Calatayud에서 랍비로 봉직했다가 1492년 스페인에서 유대인 추방령 이후 Naples에 정착한 이후 거기서 여생을 보냈다. 그는 토라를 알레고리로 풀이한 〈아케이다트 이츠학Akeidas Yitzchak〉로 유명해졌는데, 본서는 1522년에 초판이 출간되었고 재판을 여러 차례 찍어 유대인 사상에 큰 영향력을 행사했다. 1573년 이후, 〈에스더Megillas Esther〉 주석은 〈아케이다트 이츠학〉의 모든 에디션에 수록되었지만 실은 아들이 쓴 것이었다.

피르케이 아보트 Pirkei Avos

선조의 "장Chapters" 혹은 "교훈집Ethics"이다. 〈세데르 네지킨Seder Nezikin〉에 담긴 탈무드로[94] 유월절에서 설날 때까지 안식일 오후에 회당에서 읽는다.

랍비 모쉐 벤 마이몬 Rav Moshe ben Maimon(1135~1204)

(람밤RAMBAM 혹은 마이마너디Maimonides)

후기 탈무드 시대 유대교의 걸출한 인물이며 시대를 초월한 위인 중 하나로 손꼽힌다. 그는 랍비이자 법전 편찬자 겸 철학자 및 귀족의사이기도 했다. 일부 증언에 따르면, 그는 랍비 여후다 하나시Rav Yehudah haNasi의 후손이라고 한다.

코르도바Cordoba에서 태어나 이스라엘 땅으로 이주한 뒤 이집트 카이로의 오래된 도시 포스타트Fostat로 건너갔다.

23세에 쓰기 시작한 주석 〈미슈나Mishnah〉는 그간 넓혔던 견문을 동원하여 집필한 것이다. 주요 문헌으로는 당대에까지 이어온 할라하의 관점에서 펴낸 법전

〈미슈네-토라 야드하 하자카Mishneh-Torah Yadha Chazakah〉이 있다. 이는 그가 히브리어로 집필한 유일무이한 책이다. 다른 문헌은 모두 아랍어로 썼으나 나중에는 이를 후회했다고 한다.

그는 〈모레 느부힘Moreh Nevuchim(헷갈리는 자를 위한 가이드)〉뿐 아니라 의학과 위생 및 천문학 분야의 저작으로도 유명했다.

"모세에서 모세(Rav Moshe)에까지 모세Moshe 만한 인물은 없었다"고 해도 과언은 아닐 것이다.

투르 오라흐 하임 Tur Orach Chayim

"삶의 방법"이라는 뜻의 오라흐 하임은 아르바 투림Arba'ah Turim이라는 할라하(유대교 율법) 전집 중 랍비 야코브 벤 아쉐르Rabbi Jacob ben Asher가 편집한 부분을 가리키며, 유대 절기(날, 주, 월, 년)에 관련된 모든 규례를 담고 있다. 랍비 요세프 카로Rabbi Yosef Karo가 아르바 투림을 근간으로 슐한 아루흐the Shulkhan Arukh의 틀을 갖춘 이후, 후대 주석가들도 이를 활용해왔으므로, 공통으로 적용되는 오라흐 하임이란 랍비 야코브 벤 아쉐르의 편집본에 국한된다기보다는 할라하의 한 영역이라고 해야 옳을 것이다.

슐한 아루흐 The Shulchan Aruch

"차린 테이블set table"이라는 뜻으로 유대 공동체 중 다수에 알려졌다. 유대교의 법전은 다양하지만 그 중에서 슐한 아루흐가 가장 널리 활용되고 있다. 슐한 아루흐는 1563년 사페드Safed의 요세프 카로가 집대성하여 2년 뒤 베니스에서 발행되었다.

말빔 Malbim

메이르 라이부시 벤 여히엘 미하엘 비제르 참고

창세기의 미스터리

메이르 라이부시 벤 여히엘 미하엘 비제르Meir Leibush ben Yehiel Michel Wisser

(1809년 3월 7일-1879년 9월 18일) 첫 글자를 조합한 "말빔Malbim"으로 더 많이 알려져 있으며 랍비이자 히브리어 문법의 대가 겸 성경주석가. 말빔은 자주 언급되는 별칭이다.

이븐 에즈라 Rav Avraham Ibn Ezra: (1089년 Toledo 출생, 1164년 사망)

유명한 시인/철학자/문법학자/천문학자이나, 무엇보다 성경주석가로 유명하다. 〈에스더〉를 비롯한 〈오축 주석Commentary on the Megillos〉도 그가 집필했다.

그가 쓴 성경 주석은 평이한 데다 구절의 문자적인 의미를 충실히 담으려는 노력이 보인다. 그의 목표는 난해한 구절의 어원을 문법적인 맥락에서 해명하는 것이었다. 그의 토라 주석은 라쉬의 것 다음으로 널리 연구되고 있으며 대다수의 대형 에디션 성경에 수록되어 있다고 한다. 프랑스에서 그는 라쉬의 손자인 랍비 야코브 탐Rav Yaakov Tam을 만나 깊은 우정을 나누었다. 혹자에 따르면, 그는 랍비 여후다 할레비Rav Yehudah haLevi의 딸과 혼인하여 다섯 아들을 두었다고 한다. 또한 한때는 람밤을 만나 임종 당일 그에게 시를 바쳤다는 전설도 있다.

라닥 Radak

다비드 킴히 참조

다비드 킴히 David Kimhi(1160-1235)

첫 단어를 조합한 라닥RaDaK으로 알려진 그는 중세 랍비이자 성경주석가와 철학자 겸 문법학자였다. 프로방스 나르본에서 태어난 킴히는 랍비 요세프 킴히 Rabbi Joseph Kimhi의 막내아들이자 랍비 모세스 킴히Rabbi Moses Kimhi의 동생인데, 이 둘도 성경주석가 겸 문법학자였다고 한다. 부친이 어릴 때 사망하자, 다비드는 형의 도움을 받다가 훗날 자립하여 젊은이들에게 탈무드를 가르쳤다. 히브리 문학을 훤히 꿰고 있어 가문에서 가장 걸출한 위인으로 부상했다. 킴히 가문의 문헌은 포르투갈 리스본의 이븐 야히야Ibn Yahya 가문이 인수했다.

헤제키아 벤 마노아 Hezekiah ben Manoah(13th century) (일명 히즈쿠니)

프랑스 출신 랍비 겸 연구원이다. 소신을 지키다가 오른손을 잃은 부친의 뜻을 받들어 헤제키아는 "하제쿠니Hazzekuni"라는 제목의 오경 주석을 집필했다(1240년경). 이는 1524년 베니스에서 인쇄되었으며 다른 에디션은 크레모나Cremona(1559)와, 암스테르담(1724) 및 렘베르크Lemberg(1859) 등에서 발견되었다. 대개는 라쉬의 주석에 근간을 두었으나(저자는 라쉬, 두나쉬 벤 라브라트, "요시폰Yosippon" 및 "피시카(Physica, 아리스토텔레스가 지은 자연학에 관한 책)"만 인용했다고 밝혔지만) 20명 정도의 주석을 참조키도 했다.

다비드 즈비 호프만 David Zvi Hoffmann(1843년 11월 24일)

정통주의 랍비 겸 성서학자. 1843년 베르부Verbu에서 태어나 고향에 설립된 여러 예시바에 다닌 뒤 프레스부르크Pressburg소재 대학에 입학, 1865년에 졸업했다. 그러고는 비엔나와 베를린에서 철학과 역사 및 동양언어를 공부하여 1871년 튀빙겐 대학에서 박사학위를 취득했으며, 모쉐 쉬크Moshe Schick와 아즈리엘 힐데스하임Azriel Hildesheimer에게서 랍비 교육을 받았다.

빌나 가온 Vilna Gaon

랍비 엘리야후 벤 슐로모 잘만 참조

랍비 엘리야후 벤 슐로모 잘만
Rav Eliyahu ben Shlomo Zalman of Vilna:

빌나 가온Vilna Gaon으로도 알려져 있으며 약칭으로는 하그라 haGRA(=haGaon Rav Eliyahu)라고도 부른다. (1720년 유월절 초하루에 태어나 1797년 Chol haMoed Sukkos 셋째날에 세상을 떠났다) 근대 유대인의 영적 지도자 중 하나로서 소싯적에는 신동이자 경이적인 천재로 알려졌고 토라를 꿰는 지혜를 따라갈 자가 없었다고 한다. 주요 고전문헌에는 대개 그의 주해와 주석이 수록되어 있다.

랍비 모쉐 파인스타인 Feinstein, Rav Moshe:

현존하는 Posek 겸 Rosh Yeshivah인 그를 가리켜 "가돌 하도르Gadol Hador(당대의 토라 지도자)"라는 사람들이 상당히 많이 있다. 1895년 러시아에서 태어난 파인스타인은 신동으로 유명했다가 1937년 미국으로 건너와 뉴욕 동부 이남의 메시타 티퍼레트 예루살렘Mesivtha Tifereth Jerusalem에서 학장을 역임한 바 있다. 그는 매일 세인이 개진하는 율법 관련 질문에 답변하고 있다. 〈이그로트 모쉐Igrose Moshe(5권 할라하 회답서)〉의 저자인 그는 현재 탈무드에 관한 저서인 〈디브로트 모쉐Dibros Moshe〉시리즈도 집필했다.

람반 Ramban
랍비 모쉐 벤 나흐만 참조

랍비 모쉐 벤 나흐만 Rav Moshe ben Nachman
앞 자를 딴 람반RAMBAN과 나흐마너디Nachmanies로 알려졌다 (1194~1270).

주요 토라 학자이자, 람밤 이후 탈무드 문헌을 집필한 자 중 하나이며, 철학자와 성경주석가 시인 및 의사로도 유명했다. 게로나Gerona의 유명한 랍비 가문에서 태어난 그는 고향의 이름을 따서 "라베이누 모쉐 게론디Rabbenu Moshe Gerondi"로 불리기도 했다. 고향에서는 거의 의사로 지냈지만, 유대교의 삶에 엄청난 영향력을 준 까닭에 제임스 왕 1세도 이따금씩 그에게 진찰을 받았다고 한다. 나이 열여섯에 탈무드와 할라하 관련 문헌을 다수 펴낸 바 있다. 1263년 제임스 왕 1세의 강요에 못 이겨 기독교로 개종한 파블로Pablo와 공개 논쟁을 벌여 승리하자 교회의 노여움을 산 까닭에 어쩔 수 없이 스페인을 벗어나 이스라엘 땅에 이주했다. 1268년에는 랍비 여히엘Rav Yechiel의 뒤를 이어 아코Acco에서 랍비로 봉직했다. 1276년에 사망했으나 매장지는 정확히 알려지지 않았다.

브호르 쇼르(요세프 벤 이삭)
Joseph ben Isaac Bekhor Shor of Orleans(12세기)

12세기 후반을 향유한 프랑스 주석가 겸 시인. 요세프는 야코브 탐Jacob Tam과 요세프 카라Joseph Kara 및 라쉬밤Samuel ben Meïr의 제자였다. 요세프 브호르 쇼르와 요세프 벤 이삭이 동일인물이라는 사실은 그로스Gross가 잘 보여주었다. 그는 같은 설명이 〈세막the Semak(No. 205)〉에서는 "요셉 벤 이삭"의 기록에서, 로덴부르크Rothenburg 회답서에서는 "요세프 브호르 쇼르"의 문헌에서 발췌되었다고 밝혔다.

피르케이 드랍비 엘리에제르 Pirke d'Rabbi Eliezer

피르케이 드랍비 엘리에제르(랍비 엘리에제르의 장Chapters)는 성경 이야기를 재구성하거나 그에 주석을 단 일종의 미드라쉬로, 유대 역사를 통틀어 높은 보급률과 인기를 자랑해왔다. 전통적으로는 랍비 엘리에제르 벤 히르카누스 Rabbi Eliezer ben Hyrcanus (80-118 C.E.) ─랍비 요하난 벤 자카이Rabbi Yochanan ben Zakai의 문하생이자 랍비 아키바Rabbi Akiva의 스승 ─ 가 집대

창세기의 미스터리

성했다고 알려져 왔으나, 레오폴드 준즈Leopold Zunz는 8세기경 이슬람이 지배한 지역에서 집필된 문헌이라고 주장했다.

훌린 Chullin

〈세데르 코다쉼Seder Kodashim〉에 든 탈무드

미드라쉬 탄후마 Midrash Tanchuma

토라에 관한 고대 미드라쉬며, 두 가지 버전으로 전수되어왔는데 이 중 한 가지는 후대에 알려진 것 중 가장 오래되었다.

산헤드린 Sanhedrin

〈세데르 네지킨〉에 담긴 탈무드

허쉬 Hirsh, Rav Shamshon Raphael(1808~1888)

근대 독일 정통파의 아버지. 그는 불같은 성격의 리더이자, 탁월한 저술가 겸 훌륭한 교육자였다. 탈무드 학자인 그의 위대함은 다른 공로들 때문에 감춰졌다. 수석 랍비 겸 보헤미아Bohemia 및 모라비아Moravia 의원이 된 그는 프랑크포르탐마인Frankfortam-Main에서의 유대교의 토라를 부흥시키기 위해 의원직을 떠났다. 훗날 그는 이곳을 토라의 요새로 변모시켰다. 인지도가 높은 문헌은 여섯 권으로 구성된 〈후마쉬 주석Commentary on Chumash〉로 성경 주석에 대해 심오하고 탁월한 철학적 접근뿐 아니라 계명을 철학적으로 분석한 〈호렙Horeb〉으로도 유명했다.

탈굼 요나탄 Targum Jonathan

선지서의 공식적인 동방(바벨론) 아람어역본. 그러나 기원은 서방 즉, 이스라엘

에 두고 있으며 탈무드 기록의 저작자는 요나탄 벤 우지엘Jonathan ben Uzziel이라고 한다. 어설프게 글을 바꾼 대목이 더러 보이나 스타일은 전반적으로 탈굼 온켈로스와 매우 유사하다. 탈무드 시대에는 탈굼 요나탄이 회당에서 역본을 한 구절씩 하프타라의 히브리어 구절과 번갈아가며 읽혔다.

얄쿠트 하마히리 Yalkut ha-Makiri

마히르 벤 아바 마리Machir ben Abba Mari는 얄쿠트 하마히리의 저작자지만 그의 생애와 국적을 두고는 명확히 알려진 바가 없다. 〈모리츠 스타인슈바나이더 Moritz Steinschneider(유대 문헌, 143p)〉에 따르면, 마히르는 프로방스에서 살았다고는 하나 시기에 대해서는 지금도 의견이 분분하다.

샤보트 Shabbos

〈세데르 모에드Seder Moed〉에 담긴 탈무드

랍비 레비 벤 게르숌 Rav Levi ben Gershom(랄바그RALBAG)

1288년 프랑스 방골Bangols에서 태어나 1344년에 사망했다. 그는 당대의 주요 성경주석가 중 하나였으며 수학과 천문학, 철학 및 의학자이기도 했다. 〈욥기〉를 비롯하여 토라의 다섯 책인 〈룻기〉, 〈에스더〉, 〈아가〉, 〈전도서〉, 〈애가〉, 전선지서와 〈잠언〉, 〈다니엘〉 및 〈느헤미야〉에 대한 주석을 집필했으며, 그 중 〈욥기〉 주석은 히브리어로 간행된 첫 책 중 하나다.

마하르샬 Maharshal

솔로몬 루리아Solomon Luria를 참조

솔로몬 루리아 Solomon Luria(1510~1573년 11월 7일)

유대교 율법 판관 겸 교사로 활동했으며 율법 관련 저작인 〈얌 쉘 슐로모Yam Shel Shlomo〉와 탈무드 주석 〈호흐마트 슐로모Chochmat Shlomo〉로 알려졌다. 루리아는 마르하샬(Marharshal, 히, "우리의 스승, 랍비 솔로몬 루리아Our Teacher, Rabbi Solomon Luria"의 약자)이나 "라샬(Rashal, Rabbi Solomon Luria)"로 불리기도 했다.

바바 바트라 Bava Basra
〈세데르 네지킨〉에 담긴 탈무드

랍비 엘라자르 Eleazer ben Shammua or Eleazar I
4세대 탈무드 교사로 랍비 문헌에서 자주 인용되었다. 제사장 후손(메길라 27b, 소타 39a)이자 부유층 인사였으며 전통적인 율법 교사로 명성을 떨쳤다고 한다.

레카흐 토브 Lekach Tov
토비아 벤 엘리에제르 참조

토비아 벤 엘리에제르 Tobiah ben Eliezer
11세기를 향유한 탈무드 학자 겸 시인으로 모세오경과 오축(전도서, 에스더, 룻기, 예레미야 애가, 아가)의 미드라쉬 주석인 〈레카흐 토브〉를 집필했다. 준즈 Zunz는 토비아가 부친을 "위대한 인물"로 묘사하고 1096년에 벌어졌던 마인즈 Mainz 참사를 언급한 점으로 미루어 그가 마인즈 토박이였고 '엘리에제르 벤 이삭 하가돌(라쉬의 스승 중 하나로 알려졌다)'의 아들이라고 추정했다. 그러나 문헌을 좀더 들여다보면 이슬람 문화에 해박한 지식이 있는 데다 8세기 종교지도자인 카라이Karaites를 공격했기에 말년에는 팔레스타인에 거주했으리라 추정했다.

온켈로스 Onkelos

탄나임 시대(AD 35~120)에 유대교로 개종한 인물로 탈굼 온켈로스의 저작자로 알려졌다(AD 110).

조하르 Zohar

조하르(히, 광채 혹은 광휘)는 카발라로 알려진 유대교 신비주의 문학의 근간이 되는 문헌으로, 오경의 신비적 측면을 다룬 주석을 비롯하여 신비주의와 신비적 우주생성 관련 문헌과 성경 해석을 담은 책을 일컫는다. 조하르에는 하나님의 본질과 우주의 기원 및 구조, 영혼의 본질, 구원, 자아와 암흑의 관계, 진정한 자아와 '하나님의 빛,' 그리고 '우주에너지'와 인간의 관계를 논하며 성문화된 주석은 성경을 풀어쓴 미드라쉬의 신비주의 버전으로 보면 얼추 맞다.

라쉬밤 Rashbam

사무엘 벤 메이르Samuel ben Meir 참조

사무엘 벤 메이르 Samuel ben Meir(트루아, 1085~1158)

사후에 "랍비 슈무엘 벤 메이르RAbbi SHmuel Ben Meir"의 첫 글자를 조합한 "라쉬밤"으로 알려졌다. 슐로모 이츠학(라쉬)의 손자인 그는 프랑스에서 손꼽히는 탈무드 주석가로 활동했다. 라쉬밤도 외할아버지와 마찬가지로 성경 주석가 겸 탈무드 학자였고, 라쉬와 이삭 벤 아쉐르 할레비Isaac ben Asher ha-Levi(리바 Riva)에게서 교육을 받았다. 하지만 해석법이 조부와는 달랐다고 한다.

성경 주석을 두고는 본문의 평범한 의미를 지나치게 강조했으며 전통과는 다른 방식을 적용한 까닭에 적잖이 논란을 빚기도 했다. 이를테면, 라쉬밤은(창 1:5) 전날 일몰이 아니라 새벽부터 하루가 시작되었다고 주장하는가 하면, 창세기 49:10절은 "그가 실로에 오기까지"라고 이해해야 하는데, 이는 솔로몬이 죽은 후, 유다

창세기의 미스터리

왕국이 분열된 사건을 일컫는다고 역설키도 했다. 결국 그의 견해는 오경 주석에서 누락되고 말았다.

라쉬밤은 가축을 기르고 포도를 재배하며 가문의 전통을 이어갔다. 경건한 신앙인으로도 유명했기에 기독교 지도자들이 열등한 유대교를 입증하기 위해 마련한 공개토론장에서 유대교 신앙을 변호하기도 했다.

1 어린이 전도협회the Child Evangelism Fellowship는 1920년 경 오버홀쳐 목사가 전
   세계 어린이의 영적인 기아상태를 체감하면서 약 10여 년간 어린이전도와 지도자 양성
   에 힘쓰고 교계에 호소한 데서 시작된다. 그 결과, 1937년 5월 미국 일리노이주에서 국
   제 어린이 전도협회가 탄생하게 되었고, 현재는 180개국에 전도활동을 전개하고 있다.
   한국에도 전국에 지회가 있다.

2 '버레이쉬트'는 『창세기』의 히브리식 제목이기도 하다.

3 "엘로힘 하쉐임"은 없으므로, 개역성경에서 "하나님 여호와"는 "여호와 하나님"으로 고
   쳐야 옳다.

4 영문성경은 대다수가 여호와Jehovah대신 "the Lord"라고 옮겼다(ASV는 예외적으로
   Jehovah라고 번역했다).

5 "나의 주, 아도나이"라면 "아도나이 아도나이"라고 읽어야 하므로 전자가 하나님의 이
   름인지, 후자가 하나님의 이름인지 듣는 사람은 알 수가 없다.

6 슈두르 아쿠Shudur Aku에서 비롯된 것으로 추정되며 "아쿠(달신)의 명령"이란 뜻
   이다(유대성경백과). 메삭은 메-샤-아쿠Me-sha-aku에서 파생되었으며 아벳느고
   는 아벳느보(느보/나부신의 종)의 다른 표현일지도 모른다(이스턴 성경백과). http://
   en.wikipedia.org/wiki/Shadrach,_Meshach,_and_Abednego 참고

7 개역성경에서는 "전능한 하나님"이라고 옮겼지만 번역하지 않는 편이 나을 듯싶다. 우

리글로는 대응되는 말을 찾을 수 없기 때문이다.

8 『랍비들이 말하는 출애굽기 이야기(변순복)』 p 59.

9 "하나님의 고유한 이름이 (하와와) 뱀에게는 알려져 있지 않기 때문이다(이븐 에즈라)." 이 기사에서 "엘로힘"이 다시 등장한다는 점으로 미루어 성경은 일정한 패턴으로 기록된 것이 아니라는 점을 알 수 있다. 즉, 내용적인 면에서 하나님의 이름이 세 가지로 구분된 이유가 있을 거라는 이야기다.

10 영원하신 하나님

11 감찰하시는 하나님

12 "여호와는 긍휼이 많으시고 은혜로우시며 노하기를 더디 하시고 인자하심이 풍부하시도다(시 103:8)."

13 어릴 때라 성경 이야기를 동화와 혼동해서 그럴지도 모르겠다.

14 요나 2장 5절에서 "물이 나를 영혼까지 둘렀사오며"에서 "영혼"은 '네페쉬'이므로 물이 목까지 찼습니다라고 옮겨야 옳다.

15 "사람의 영혼은 여호와의 등불이라 사람의 깊은 속을 살피느니라(잠 20:27)."에서는 느샤마를 "영혼"이라고 번역

16 바람, 영혼

17 바람, 호흡

18 생명, 영혼

19 "루아흐"를 일컫는 것으로 추정

20 아파르는 대개 'dust'로 옮기므로 먼지라고 해야 옳다.

21 "호흡이 있는 자마다 여호와를 찬양할지어다. 할렐루야(시 150:6)"

22 "여자가 그 나무를 본즉 먹음직도 하고 보암직도 하고(창 3:6)."

23 곁에 있던 아담에게 주었기 때문에 그와 동행했을 공산이 크다.

24 하와 한 사람에게 말할 때는 2인칭 여성단수 명사를 쓴다. "너희 눈들(에이네이헴)"은
   2인칭 남성복수형이다(남+녀일때도 남성복수형이다).

25 "하아다마" 밑에 붙은 '시옷(ㅅ)' 비슷한 부호(에트나흐타, 분리액센트)가 끊어 읽으라
   는 표시다.

26 물론 "(어깨에) 멨다"는 동사는 복수형을 썼다.

27 (출 20:2) 나는 너를 애굽 땅, 종 되었던 집에서 인도하여 낸 네 하나님 여호와니라(애
   굽 땅 = 종들의 집)

28 "막내youngest son"로 번역한 성경은 NAS, JPS, TNK, ESV, NIV, NRS, RSV, ASV
   이고 "작은아들younger son"로 옮긴 번역본은 KJG, KJV 등이 있다.

29 하가돌(크다/큰형)이 형제(아히)를 수식

30 하가돌(크다/큰형)과 야벳을 동격으로 처리

31 물론 대개는 막내아들을 함으로 간주한다(라쉬, 람반).

32 혹자는 함이 노아를 거세시켰다고도 하고, 그와 동성애 행각을 벌였다고도 한다. 특히
   미드라쉬에 따르면, 함은 (아내의) 장막 안에서 벌거벗은 노아를 발견하고는 "아담은
   두 아들만 있었는데도, 아들이 셋씩이나 있는 이 분은[노아] 넷째 늦둥이까지 바라시
   더라!"라며 부친을 조롱거리로 만들었다고 한다(레카흐 토브). 사실, 노아는 방주를 나
   오면 넷째 아이를 낳으리라 결심했으나 함이 그를 거세시키자 "네가 넷째 아들을 낳
   지 못하게 했으니 나도 네 넷째 아들인 가나안을 저주하노라!"라고 했다고 한다. 미드
   라쉬 기자도 "그에게 한 일"을 의식한 것이 아닐까 싶다. 물론 신빙성은 없는 이야기
   다. 정말 그랬다면 두 형제가 함을 가만히 놔두었을 리 없다.

33 성경은 함이 "가나안의 아버지"라는 점을 밝혔다. 왠지 어떤 의도가 다분히 녹아있는
   듯싶다.

34 하나님을 일컫는 대명사를 대문자로 표시하지 않은 성경 역본은 제외한다(하나님인지
   노아인지 구분할 수 없기 때문이다). NAS, JPS, TNK는 모두 "His heart"라고 옮겼다.

35 "바벨"은 바벨론 말로는 '신의 문'이고 히브리어로는 '혼란시키다'라는 뜻이다

36 『피르케이 드랍비 엘리에제르Pirke d'Rabbi Eliezer』

37 『ESV Study Bible』에 따르면, 셈족은 메소포타미아와 아라비아로, 함족은 북아프리카
와 지중해 동부해안으로, 야벳은 유럽과 소아시아로 진출했다고 한다.

38 미드라쉬에 따르면, 언어가 혼잡해진 결과, 어떤 이가 "벽돌"을 달라고 하면 상대방은
"역청"을 주었다고 한다. 그래서 분통이 터진 그는 벽돌로 상대의 머리를 쳐 죽였다고
도 하고(미드라쉬), 소통이 결렬된 까닭에 칼로 서로를 찔러 절반이 죽었다는 기록도
있다(탈무드).

39 "세계 6,000여 언어 중 절반이 유력 언어와 억압적인 정부 정책 등으로 사라질 위기
에 처해 있다고 유엔교육과학문화기구(UNESCO)가 밝혔다(파리 AP연합통신)."

40 원전에는 "버나쓰암 미케뎀"이라 기록되었는데 "미케뎀"은 "동쪽으로부터(from the
east)"라는 뜻이다.

41 필자가 쓴 『왜 기독교는 방황하는가?』에서 일부 발췌

42 『성경연구의 중요성과 창조, 홍수, 바벨탑 이야기(정금, 2003년)』 변순복 저, p. 38

43 출 4:10, 11:7 / 신 28:49 / 호세아 7:21, 24, 10:21, 15:2 / 사사기 7:5 / 삼하 23:2 / 느
헤미야 13:24 / 에스더 3:12 / 욥 5:21, 20:12, 16 / 시 12:4, 5, 15:3, 22:16

44 출 28:32, 39:23 / 욥 12:20 / 이사야 28:11, 33:19 / 에스겔 3:5, 3:6 / 스바냐 3:9

45 출 4:10, 24:14 / 민 36:5 / 신 4:12, 22:14, 22:17 / 왕상 12:7 / 왕하 17:9, 17:11 / 대하
10:7, 12:12, 19:3 / 에스라 8:17 / 욥 11:2 / 시 19:4 / 잠 10:19, 24:26, 26:6 / 전 5:2,
5:6, 6:11, 10:14 / 렘 36:32 / 겔 38:10 / 호 10:4, 14:3 / 슥 1:13

46 영문 성경에서는 "싸파"를 대개 "speech"로 옮긴다.

47 랍비 메이르 즐로토비츠Meir Zlotowitz는 이를 "공통적인 목적common purpose"이
라고 옮겼다

48 『성경연구의 중요성과 창조, 홍수, 바벨탑 이야기』 p. 155

49 "여호와는 자신께서 행하시는 일들로 말미암아 즐거워하시리로다."

50 『예루살미 타니트Yerushalmi Taanis(1:6)』, 『바블리 산헤드린Bavli Sanhedrin(108b)』

51 라쉬에 따르면, 얍복강에 나타난 천사는 "에서의 수호천사"였다고 한다.

52 『훌린』 91b는 본문을 두고 다음과 같은 시나리오를 기술하기도 했다.

　사람: 날이 새려 하니 날 보내주시오!

　야곱: 아침을 두려워하는 걸 보니 도둑이나 납치범인가보군.

　사람: 난 천사요. 창조된 이후로는 처음으로 하나님을 찬송할 때가 와서 가야 하
　오!("찬송해야 할 때가 바로 지금인데 행여 때를 놓치면 나는 영영 주님을 찬양할 수
　없을 것이오!"라고 풀이한 이도 있다[야페 토아르])

53 하나님도 아담에게 "네가 어디 있느냐?"고 물었다(창 3:9). 몰라서 물은 것은 아니었다.

54 신약에서 바울이나 마리아 등에게 천사가 나타났을 때 그들의 반응을 보면 대번 알 수
있을 것이다.

55 여호와의 사자가 떨기나무 가운데로부터 나오는 불꽃 안에서 그에게 나타나시니라.
그가 보니 떨기나무에 불이 붙었으나 그 떨기나무가 사라지지 아니하는지라. 이에 모
세가 이르되 내가 돌이켜 가서 이 큰 광경을 보리라 떨기나무가 어찌하여 타지 아니
하는고? 하니, 그 때에 여호와께서 그가 보려고 돌이켜 오는 것을 보신지라. 하나님이
떨기나무 가운데서 그를 불러 이르시되 "모세야, 모세야" 하시매 그가 이르되 "내가
여기 있나이다(출 3:2~4)."

56 마노아의 아내가 하나님의 사자(천사)를 어떻게 알고 이런 말을 하는지도 애매하다.
천사의 얼굴이 정말 무섭게 생겼을까? 천사의 얼굴을 본 적이 있다는 말일까?

57 야곱도 하나님의 사자를 만났을 때 이를 하나님과 동일시하지 않고 "하나님의 군대"
라고 말했다(창 32:1~2)

58 작가가 소설 속의 인물의 내면세계와 외부 세계를 모두 관장하며, 작가의 입장에서 인
물의 행동과 심리 상태를 해석하기도 한다(한국현대문학대사전, 권영민)

　　　　　　　　　　　　　　창세기의 미스터리

59 "내가 네 음식을 먹지 아니하리라. 번제를 준비하려거든 마땅히 여호와께 드릴지니라 (사사기 13:16)"(비교)

60 신에게 인간의 본질이나 속성이 있다고 인정하는 "신인동형설"과는 입장이 좀 다르다. 하나님의 속성을 인간에 적용한 것은 하나님에게 인간의 속성이 있어서라기보다는 언어의 한계 때문에 찾은 절충안의 결과로 봄직하다.

61 여호와의 사자(히, 말아흐 하쉐임)는 영어성경에는 "천사angel"로 번역되었다.

62 "아쉐르 / 예이쩨이 / 미메에이하"는 두 곳에만 기록되어있다.

63 "주 하나님께서 그 조상 다윗의 왕위를 그에게 주시리니, 영원히 야곱의 집을 왕으로 다스리실 것이며 그 나라가 무궁하리라(눅 1:32~33)."

64 밧세바는 "바트"+"쉐바"의 합성어인데 공교롭게도 "언약의 딸"이라는 뜻이다.

65 종은 "에베드"라고 한다.

66 '보다'의 수동형(닢알) = 보이다 = 나타나다appear

67 데라가 그 아들 아브람과 하란의 아들인 그의 손자 롯과 그의 며느리 아브람의 아내 사래를 데리고 갈대아인의 우르를 떠나 가나안 땅으로 가고자 하더니 하란에 이르러 거기 거류하였으며, 데라는 나이가 205세가 되어 하란에서 죽었더라(창 11:31~32).

68 수동형(닢알)으로 나타났다(보였다)는 뜻이 된다.

69 "Behold, away from the fatness of the earth shall your dwelling be, and away from the dew of heaven on high(ESV)."

70 "Behold, thy dwelling shall be the fatness of the earth, and of the dew of heaven from above(KJV)."

71 개역한글판은 "너의 주소는 땅의 기름짐에서 뜨고 내리는 하늘 이슬에서 뜰 것이며"라 하여 모호한 감이 있지만 긍정적으로는 읽기 어려울 듯싶다.

72 전치사 "민"은 명사 앞에 붙어 '미|m'로 축약되기도 한다.

73 "그의 의로"에서 "그의 의"는 그냥 "의(쩨다카)"가 옳다.

74 대명사를 '아브라함'으로 보면, 하나님이 믿음을 주셔서 아브라함이 이를 "의"로 여겼다고 해석할 수도 있다.

75 세 살배기 때부터 하나님을 알았다고 한다.

76 "어찌 내 신을 도둑질하였느냐?" 여기서 신은 "엘로하이(나의 신들)"

77 히브리어에서 "~임"으로 끝나는 어구는 남성복수형이다. 예, 쓰파림(책들), 쑤씸(말들), 드바림(말씀들) 등

78 아트스크롤, 『창세기 주석Bereishis』(b), p 1347

79 고대 로마에서 집을 수호하는 신. 정식으로는 디페나테스Di Penates라고 부르며 언제나 복수로 쓰인다.

80 드라빔이 복수형이므로 엄밀히 '들'은 사족이다.

81 히브리어는 '드라빔'이다.

82 "그 사람 미가에게 신당이 있으므로 그가 에봇과 드라빔을 만들고 한 아들을 세워 그의 제사장으로 삼았더라."

83 라반은 야곱 일가가 도주한 것을 3일 만에 알았고 7일을 좇아가 만났다.

84 이때 야곱의 아들들은 "아니, 연세가 지금 몇인데 여태 드라빔을 '신'이라고 하십니까? 참으로 부끄럽군요."라고 말했다고 한다(미드라쉬). 사실 라반은 애당초 야곱 일가를 없애버릴 생각이었지만 하나님의 경고 때문에 적잖은 갈등을 느꼈다(빌나 가온).

85 『산헤드린 89b』

86 아브라함이 그에게 이르되 내 아들을 그리로(고향으로) 데리고 돌아가지 아니하도록 하라.

87 마태복음 9:15, 마가복음 2:20, 누가복음 5:35

창세기의 미스터리

88 하지만 채색옷이 증거가 될 수 있다.

89 히, "바요메르 에이사브 벌리보(에서는 그의 마음 안에/으로 말했다)"

90 에서가 야곱을 죽이면 에서는 살아있을 터인데 왜 둘을 잃는다고 했을까? 동생 아벨
을 죽였다가 유랑하는 신세가 된 가인을 떠올리며 한 말일까? 둘이 에서와 야곱은 아
닐까? 이삭이 죽을 때가 얼마 남지 않았다면 리브가는 그와 야곱을 지칭했을지도 모
를 일이다.

91 NAS, JPS, TNK, ESV, NIV, RSV 등

92 유대인들은 아브라함이 모리아땅에서 이삭을 번제로 바치는 기사를 "아케이다
Akeidah(밧줄로 묶기)"라고 부르며 이는 아브라함의 10번째 마지막 시험이었다고 이
야기한다.

93 유대인들은 보디베라와 보디발을 동일인물로 간주한다. "그가 요셉의 이름을 사브낫
바네아라 하고 또 온의 제사장 보디베라의 딸 아스낫을 그(요셉)에게 주어 아내로 삼
게 하니라(창 41:45)"

94 탈무드는 여섯 부분(제라임Zeraim / 모에드Moed / 나쉼Nashim / 네지킨Nezikin /
코다쉼Kodashim / 토호보트Tohovoth)으로 이루어져 있으며 일반 단행본으로는 약
720여 권 정도 된다.

The Mystery of Genesis

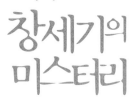

초판 1쇄 발행일 2016년 11월 30일

지은이 유지훈
펴낸이 유지훈
펴낸곳 투나미스 출판사

주소 수원시 팔달구 정조로 735, 3층 206호(중동, 해피니스빌딩)
전화 031)244-8480   **팩스** 031)244-8480
홈페이지 http://www.tunamis.co.kr
이메일 ouilove2@hanmail.net

출판등록번호 제2016-000059호

ISBN 979-11-87632-04-7(03230)